中国软科学研究丛书

丛书主编：张来武

“十一五”国家重点图书出版规划项目

国家软科学研究计划资助出版项目

甘肃省区域创新体系建设

曹 方 主编

科学出版社

北京

内 容 简 介

本书通过跟踪国内外区域创新研究的新趋势和新动向，分析甘肃省区域创新体系的现状和特点，系统评价与分析甘肃省区域创新能力，对接甘肃省经济社会发展对区域创新体系的新需求，研究提出切实可行的甘肃省区域创新体系战略和保障措施，为构建具有甘肃省区域特色、开放和富有活力的创新体系提供科学依据。

本书适合相关科研机构、高等院校研究人员阅读，可供在科技教育部门从事区域创新政策制定实际工作的各级政府工作人员参考使用，为政策的科学决策提供参考支持。

图书在版编目（CIP）数据

甘肃省区域创新体系建设／曹方主编．—北京：科学出版社，2014
（中国软科学研究丛书）
ISBN 978-7-03-042187-6

Ⅰ．①甘… Ⅱ．①曹… Ⅲ．①区域经济-技术革新-研究-甘肃省
Ⅳ．①F127.42

中国版本图书馆 CIP 数据核字（2014）第 241563 号

丛书策划：林 鹏 胡升华 侯俊琳
责任编辑：樊 飞 刘巧巧／责任校对：胡小洁
责任印制：徐晓晨／封面设计：黄华斌 陈 敬
编辑部电话：010-64035853
E-mail：houjunlin@mail.sciencep.com

科学出版社出版
北京东黄城根北街 16 号
邮政编码：100717
http://www.sciencep.com

北京凌奇印刷有限责任公司印刷
科学出版社发行 各地新华书店经销
*
2014 年 11 月第 一 版 开本：720×1000 1/16
2020 年 4 月第二次印刷 印张：10 3/4
字数：200 000

定价：69.00 元

（如有印装质量问题，我社负责调换）

《甘肃省区域创新体系建设》
编委会

总 序

PREFACE

软科学是综合运用现代各学科理论、方法，研究政治、经济、科技及社会发展中的各种复杂问题，为决策科学化、民主化服务的科学。软科学研究是以实现决策科学化和管理现代化为宗旨，以推动经济、科技、社会的持续协调发展为目标，针对决策和管理实践中提出的复杂性、系统性课题，综合运用自然科学、社会科学和工程技术的多门类多学科知识，运用定性和定量相结合的系统分析和论证手段，进行的一种跨学科、多层次的科研活动。

1986 年 7 月，全国软科学研究工作座谈会首次在北京召开，开启了我国软科学勃兴的动力阀门。从此，中国软科学积极参与到改革开放和现代化建设的大潮之中。为加强对软科学研究的指导，国家于 1988 年和 1994 年分别成立国家软科学指导委员会和中国软科学研究会。随后，国家软科学研究计划正式启动，对软科学事业的稳定发展发挥了重要的作用。

20 多年来，我国软科学事业发展紧紧围绕重大决策问题，开展了多学科、多领域、多层次的研究工作，取得了一大批优秀成果。京九铁路、三峡工程、南水北调、青藏铁路乃至国家中长期科学和技术发展规划战略研究，软科学都功不可没。从总体上看，我国软科学研究已经进入各级政府的决策中，成为决策和政策制定的重要依据，发挥了战略性、前瞻性的作用，为解决经济社会发展的重大决策问题作出了重要贡献，为科学把握宏观形势、明确发展战略方向发挥了重要作用。

20 多年来，我国软科学事业凝聚优秀人才，形成了一支具有一定实力、知识结构较为合理、学科体系比较完整的优秀研究队伍。据不完全统计，目前我国已有软科学研究机构2000 多家，研究人员近4 万人，每年开展软科学研究项目 1 万多项。

为了进一步发挥国家软科学研究计划在我国软科学事业发展中的导向作用，促进软科学研究成果的推广应用，科学技术部决定从2007年起，在国家软科学研究计划框架下启动软科学优秀研究成果出版资助工作，形成“中国软科学研究丛书”。

“中国软科学研究丛书”因其良好的学术价值和社会价值，已被列入国家新闻出版总署“‘十一五’国家重点图书出版规划项目”。我希望并相信，丛书出版对于软科学研究优秀成果的推广应用将起到很大的推动作用，对于提升软科学研究的社会影响力、促进软科学事业的蓬勃发展意义重大。

科技部副部长

2008 年 12 月

目　录

CONTENTS

第一章 绪 论

第一节 区域创新体系研究的重要意义

科学技术作为核心竞争力日益成为国家间竞争的焦点。未来五年，从国际发展趋势来看，国际金融危机使世界各国面临经济发展方式转变和产业结构深度调整的压力，世界科技发展正孕育着新的革命性突破，各主要国家积极抢占未来竞争的战略制高点；未来五年，从国内发展需求来看，我国正处在必须转变经济发展方式、调整经济结构才能实现可持续发展的重要阶段，迫切需要把自主创新摆在更加突出的位置，使自主创新成为经济社会又好又快发展的内在动力。在国内外发展环境错综复杂，不确定、不稳定因素增多的背景下，科学技术作为解决当前和未来发展重大问题的根本手段，其重要性和紧迫性日益凸显。

科技创新已然成为支撑甘肃省跨越发展的战略核心、引领甘肃省跨越发展的主导力量、驱动甘肃省跨越发展的必然选择。如何把脉“十二五”时期甘肃省经济社会的变化，发挥科技在促进经济结构转型中的支撑引领作用，是“十二五”科技亟待解决的问题。只有结合甘肃省省情，研究国内外、省内外科技发展的现状与趋势，分析科技工作发展与全省经济建设实践的关系，才能科学地把握全省未来科技工作发展的方向，找出科技发展的生长点；只有通过分析当前经济、社会、科技发展中的重大问题，展开全社会的积极思考和参与，才能拟定适合本地环境发展的可靠路径，研讨、起草体现省情和区域特色的科技发展方案；也只有根据甘肃省特色发展需要和发展形势的变化，积极做好科技工作发展的战略研究、信息更新工作，才能体现出科技发展的动态性，体现出科技工作的灵活性和持续性。因此，对甘肃省区域创新体系进行研究，意义重大。

首先，具有丰富的理论意义。区域创新体系理论是指借鉴国家创新系统研究的理论和方法，探讨一个国家内特定区域的创新活动（周青等，2012）。区域创新体系理论既是对国家创新系统理论的深化，又是对区域经济理论的拓展。区域创新体系作为国家创新系统中的一部分，其主要由企业、科研机构、大学、中介服务机构、相应的金融机构，以及政府部门等构成。作为国家创新系统的重要分支，区域创新体系是一个将系统论、区域经济学和发展经济学有机结合起来的综合性范畴，我们也可以将其看作区域创新网络或体系（布玉涛，2013）。

其次，具有宏观的战略指导意义。区域创新体系旨在促进地区经济的发展，即将新的区域发展要素及其新组合引入区域经济的系统，创造出一种新的、更为有效的资源优化配置方式，实现新的系统功能，使区域内经济资源得到更有效的利用，从而提高区域创新能力，促进区域经济的发展。

最后，具有积极的现实意义。“十一五”期间，甘肃省深入实施科教兴省、人才强省战略，依靠自主创新推进经济结构调整和产业优化升级，为经济社会发展提供了强有力的支撑。当前，甘肃省正处于全面建设小康社会的攻坚阶段，以及加快转变经济发展方式的关键时期，“十二五”期间，新的形势和任务对创新驱动发展提出了更高的要求，迫切需要进一步深化科技体制改革，依靠科技来破解发展难题，解决科技与经济结合不紧密、创新主体不活跃、创新机制不健全、创新人才不适应、创新载体不够多等突出问题。加快区域科技创新体系建设，为转型跨越、富民兴陇提供强大的科技支撑。

2006 年，甘肃省委、省政府确立了建设“创新型甘肃”的战略目标，引导科技资源为企业创新服务，鼓励开展多种形式的产学研合作，以企业为主体、市场为导向、产学研相结合的区域科技创新体系初步形成。“十一五”期间，甘肃省虽然在科技创新体系建设方面取得了较大的进步，但仍然存在一些突出矛盾，如自主创新的整体能力薄弱、企业创新的主体地位有待提升、科技支撑产业核心竞争力作用不强等。“十二五”时期是甘肃省实施创新驱动战略、建设创新型省份的攻坚阶段，推进科技创新体系建设，提高科技和经济综合竞争力，成为全省科技工作十分重要而紧迫的战略任务。因此，依靠科技引领作用，加快甘肃省科技创新体系的建设成为重点。

本书通过对甘肃省区域创新体系中创新层次和创新主体的分析，评价甘肃省各市（州）、企业及重点产业的创新能力，摸清区域创新体系发展现状和障碍所在，以甘肃省经济社会发展对区域创新体系的需求为突破口，确定工作重点和建设原则，提出甘肃省区域创新体系建设的总体目标和具体目标，确立甘肃省区域创新体系的重点任务、产业布局与保障措施。

第二节　研究内容和技术路线

本书从现实需要出发，结合文献研究，分析甘肃省区域创新体系建设的现实情况。一是评价甘肃省各市（州）的创新能力。依照科学性、导向性、可比性、可行性原则，选取 5 个一级指标、11 个二级指标和 32 个三级指标，构建出甘肃省各市（州）区域创新能力评价指标体系，采用综合指数法，进行逐级评价（黄琳，2013）。二是评价企业的创新能力。分别对107家高新技术企业和创新型企业开展问卷调查，在分析发展现状的基础上，提出存在的问题。三是评价重点产业的创新能力。对传统产业中的石油化工、有色冶金、电子信息、装备制造、农业和战略性新兴产业中的新能源、生物医药、新材料等一系列产业进行创新能力的评价。遵循战略管理理念，运用战略管理分析方法，遴选出适合甘肃省区域创新体系建设的战略方案，结合方案提出切实可行的战略措施。全书共包括五章：

第一章是绪论，概述研究内容，介绍研究思路与方法。

第二章是文献综述部分，按照创新—国家创新体系—区域创新体系这一思路，首先，对区域创新体系的发展背景及成立条件进行了界定；其次，对国内外关于国家创新体系、区域创新体系的文献进行了梳理，按照不同的标准，对区域创新体系进行了分类；最后，归纳整理了国内外区域创新体系建设启示，为下文的分析打下了理论基础。

第三章从不同的方面介绍了甘肃省区域创新要素发展的基本情况，并从各市（州）、企业、产业等角度对创新能力进行了分析，综合甘肃省区域创新构成，评价了区域创新能力。

第四章主要总结了阻碍甘肃省区域创新能力提高的主要障碍，并结合区域体系建设的现状，提出了甘肃省经济社会发展对区域创新体系的需求。

第五章设立了甘肃省区域创新体系建设的基本原则，提出了建设目标，结合“3341工程”，对区域创新体系的重点任务和布局进行了规划，提出了甘肃省区域创新体系建设的保障措施。

本书综合运用规范分析与实证分析相结合、演绎与归纳相结合、定量分析与定性分析相结合等研究方法，分别运用调查研究、理论研究、实证研究、对策研究等方法。较多地运用了系统论的观点，并建立了数学模型，较多地借鉴了多元统计分析的方法，如主成分分析法、聚类分析法及计量经济学中的回归分析法等，强调数据的研究分析。至于对科技创新体系建设方案的实证分析，则是从最为基本、最为简单和具体的实际数据采集开始的，逐步将上述数理分析方法加以运用（图1-1）。

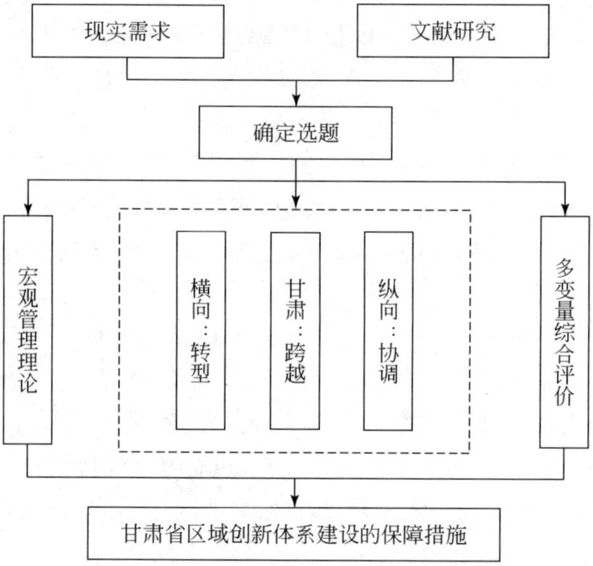
现实需求
文献研究
确定选题
宏观管理理论
横向：转型
甘肃：跨越
纵向：协调
多变量综合评价
甘肃省区域创新体系建设的保障措施

图 1-1　技术路线图

第二章 区域创新体系的相关理论

第一节 区域创新体系的发展背景及成立条件

一 区域创新体系的提出

（一）创新活动的复杂性和生产系统的协作性决定了创新体系的出现

20世纪80年代末，工业经济得到进一步发展，信息经济在美国和西欧初现端倪，电子信息技术几乎提升了所有行业的生产效率，同时，信息爆炸也纷涌而来。复杂系统的出现使得系统范式在学术界得到推广。企业的研发活动被逐渐重视，企业生产活动出现了大规模协作，单个企业已经越来越难以生存，联盟和合作已经成为趋势，企业创新系统也得到了认可和推广。跨国公司在全球范围内网罗R&D资源，产业技术发展迅速，企业竞争加剧，创新网络在学术界和实践领域频繁出现（傅利平等，2011）。

（二）经济区域化使区域创新体系被关注

20世纪90年代以来，信息技术的发展促使全球化的趋势进一步增强。国际合作在西方国家普遍存在，知识密集型服务业、航空航天、半导体生产等高科技产业也得到迅速发展。世界范围内，个别产业群中企业间相互作用开始形成地区化；全球性公司做出的投资决策是寻求拥有竞争优势的区域产业群的区域经济；新的世界分工不再以国家划分，而是按照区域的竞争力来进行划分；一些地区，如华尔街、巴登-符腾堡、圣迭戈-蒂华纳、香港-广州和新加坡，被认为比某些国家（如意大利或英国）更加具有经济意义。区域创新能力正在日益成为地区经济获取国际竞争优势的决定性因素和区域经济参与者竞争优势的重要标志。

（三）区域经济增长的实践促使区域创新体系被广泛接受

自库克（Philip Nicholas Cooke）提出区域创新系统之后，更多的学者将研究对象看做一个区域创新体系，如阿施姆（Asheim）和邓福德（Dunford）对欧洲区域未来发展的研究，马斯特里赫特大学创新与技术经济研究所（MERIT）进行的欧洲区域创新战略的研究，萨克森宁（Saxsonian）对美国硅谷和128号公路地区的研究，哈森克（Hassink）开展的巴登-符腾堡及英格兰东北部的研究，考里根（Corrigan）对莱茵-阿尔卑斯地区的研究等（刘曙光和徐树建，2002）。

二 区域创新体系的概念

（一）区域创新体系概念的提出

区域创新体系的英文表述为 regional innovation system（RIS），也被翻译为区域创新系统。英国卡迪夫大学的库克教授对区域创新体系进行了较早和较为全面的理论及实证研究。在库克、布拉茨克（Braczyk）和海登里希（Heidenreich）主编的《区域创新系统：全球化背景下区域政府管理的作用》一书中，库克对区域创新体系的概念作了较为详细的阐述，他认为区域创新体系主要是由在地理上相互分工与关联的生产企业、研究机构和高等教育机构等构成的区域性的组织体系，而这种体系支持并产生创新。魏格（Wiig）在探讨区域创新体系的概念时，认为广义的区域创新体系应包括：①进行创新产品生产供应的生产企业群；②进行创新人才培养的教育机构；③进行创新知识与技术生产的研究机构；④对创新活动进行金融、政策法规约束与支持的政府机构；⑤金融、商业等创新服务机构。其他一些学者，如阿希姆（Asheim）、卡希奥拉托（Cassiolato）和卡尔松（Carlsson）等，也从不同角度论述了区域创新体系的概念（刘曙光，2001）。综合分析已有关于创新体系及区域创新体系的定义，可以认为区域创新体系的概念至少应包括以下基本内涵：①具有一定的地域空间范围和开放的边界；②以生产企业、R&D 机构、高等院校、地方政府机构和服务机构为创新主要单元；③不同创新单位之间通过关联，构成创新体系的组织结构和空间结构；④创新单元通过创新（组织和空间）结构自身组织及其与环境的相互作用而实现创新功能，并对区域社会、经济、生态产生影响；⑤通过与环境的作用和体系自组织作用维持创新的运行和实现创新的持续发展（刘曙光和田丽琴，2001）。

（二）广义区域创新体系的整体研究

1. 国际创新体系

伴随着全球经济一体化与区域集团化过程和知识经济的兴起，国际创新体系的研究成为经济发达国家提高区域性集团全球经济与科技竞争力的重要组成部分。其中，欧洲联盟（简称欧盟）对欧洲区域创新系统的研究最为典型。欧盟不仅成立了欧洲创新研究、开发及管理方面的网站，还举行了 5 届关于创新的框架会议；1995年发表欧洲《创新绿皮书》，并制定出具有操作性的欧洲创新行动计划；同时支持进行多项以促进国际创新系统为宗旨的研究项目，如欧盟社会经济目标研究项目（TSER）。在欧洲还有诸多以地域近邻国家和地区为主要参与者而形成的跨国区域创新系统研究项目，如北欧环波罗的海地区创新系统，德国亚琛、荷兰南里姆勃格及比利时列格省之间的跨国创新网络建设等（刘曙光和徐树建，2002）。

2. 国家创新体系研究

继20世纪80年代弗里曼（Freeman）、伦德瓦尔（Lundvall）对国家创新系统研究做出开创性工作之后，90年代更多的学者对国家创新系统的理论和实践进行了深入研究。其中，伦德瓦尔、耐尔逊（Nelson）、罗森勃格（Resonberg）、艾德奎斯特（Edquist）、尼奥西（Niosi）、帕泰尔（Patel）、帕威特（Pavitt）、麦特卡尔夫（Metcalfe）等对国家创新体系进行了定义或重新定义。其中，麦特卡尔夫的定义可以表述为：①国家创新体系是由不同机构通过各自或共同为新技术的发展和扩散做出贡献而形成的集合；②该集合使政府能够形成和实施促进创新过程的政策；③这样一个由相互联系的组织机构组成的系统可以创造、存储和传播知识、技能及包含新技术的物质产品（莫琦，2007）。在国家创新体系实践方面，经济合作与发展组织（OECD）国家确立了国家创新体系行动计划，并已开始实施。不少学者对发展中国家的创新体系建设进行了研究，如卡西奥拉托（Cassiolato）对拉丁美洲国家创新体系的研究，顾书林（音）（Shulin Gu）对国家创新体系概念和方法在发展中国家的应用研究等（李微微，2006）。

3. 区域创新体系（狭义）研究

20世纪90年代以来，以城市与区域规划专业为主的专家学者在参与城市和区域开发与管理及国家创新体系研究过程中，关注并研究创新体系建设与区域的密切关系，就已经检索到的国际文献而言，英国威尔士卡迪夫大学社会科学高级研究中心（CASS）主任及城市与区域规划系教授库克，在与莫根合作的《通过网络化进行学习：区域创新及巴登-符腾堡的教训》的研究报告中，较早提出"区域创新体系"的概念；其后库克又分别于1991~1993年和1996~1998年参加了欧洲有关区域创新体系方面的研究课题，于1996年作为第一主编出版了《区域创新系统：全球化背景下区域政府管理的作用》一书，对"区域创新体系"的理论与实证研究进行了详细阐述；在1998年发表的文章中，分别从系统演化和区域创新组织与机构的角度对区域创新体系进行了深入探讨（毛伟，2006）。

4. 区域创新体系分支领域的研究

1）区域创新体系环境研究

对于创新体系环境的研究是20世纪90年代国际学术界创新研究的重点领域

之一。其研究的主要动向包括：①对不同层次区域创新环境的研究，主要倾向于对与区域内企业或企业集群创新相关联的区域直接社会环境的研究，部分文献涉及较为宽泛的创新环境，对于区域范围之外的区域创新背景的研究则较少涉及；②对区域创新环境的动态过程研究，主要分析创新环境的过程演化规律、发展道路或轨迹，如英国剑桥大学战略管理研究所的甘希（Gansey）指出高技术产业的区域创新环境具有发展过程的遗传特征；③对创新环境与区域内企业（包括跨国公司和地方中小企业）和地方环境的相互作用问题，是区域创新环境研究的重点内容，主要研究跨国公司如何在实现全球经营战略的同时实现与地方经济的结合，对于地方中小企业则侧重于如何优化其实现创新的区域环境；④对区域整体创新环境优化的研究，主要从地区政府的角度，分析如何优化其所辖范围内的地域生产（包括物质生产和知识生产）系统的整体环境，以提高区域经济技术的整体竞争力，如麦拉特（Maillat）等对区域创新环境与区域政策关系的研究（范维，2009）。

2）区域创新体系组织结构研究

组织结构研究是区域创新体系研究的核心内容之一，近期研究的主要内容包括：①区域创新主要组成单元。自弗里曼对国家创新体系组成单元进行研究后，波特、伦德瓦尔、帕威特等进行了进一步探讨，企业、大学、科研机构、教育部门和政府部门被认为是创新体系的主要构成部分，OECD 认为还应包括中介机构。②区域创新体系组织关联形式。伦德瓦尔认为“学习”是单元间的主要关联形式，帕威特认为“激励”是其主要关联形式，OECD 则认为“知识流动”是其主要关联形式。③组织机构间作用内容，主要包括企业之间（包括大小企业之间、跨国公司与地方企业之间）、大学与企业之间、独立 R&D 机构与企业之间、地方政府与其他创新机构之间在创新方面结合的内容，主要包括各种创新要素和创新产品的机构间流动。④组织结构整体变动研究，包括其整体创新过程和适应性变化（谭清美，2002）。

3）区域创新体系空间结构研究

国际上对空间结构的研究主要涉及以下几个方面：①对区域创新空间网络的研究。广义区域创新网络应等同于区域创新体系，狭义的网络则侧重其空间特征。伦德瓦尔和西都（Sydow）首先指出网络的两大组成部分，即要素和关系，后者对网络的不同层面进行了分类，认为应包括实体中的网络、理论研究中的网络和分析方法上的网络。依克纳梅第斯（Economides）在其《网络经济学》的论文中对网络的结构类型进行了划分。②区域创新集群的研究。波特、克鲁格曼（Krugman）、哈里森（Harrison）、斯卓珀（Stroper）等对区域创新集群出现的原因和地域特征进行了理论探讨，其中较新的观点指出参与竞争是高技术企业出现集群的原因，而那些规模小、专业化程度高和灵活性强的企业倾向于聚集在高度创新型的区域。③传统产业区创新研究。发达国家对传统产业基地的创新进行了卓有成效的研究，如郝麦尔（Hommel）对欧洲老工业区创新与重建的比较研究和对德国北莱茵-威斯特伐利亚地区创新的实证分析。④对创新区域差异和空间扩散的研究。卡尼尔斯（Caniels）等对20世纪70年代以来地理学界对创新地区差异及扩散研究进展进行了总结与评价，认为从新古典主义经济增长理论来看，积累因果关系理论和不完善扩散理论是主导理论，并提出新的创新扩散模型（杨雪，2006）。

4）区域创新体系功能研究

对区域创新能力与影响的研究主要包括以下几个方面：①区域创新潜在能力的分析。主要通过对不同区域的整体创新组成要素的质量、规模及创新结构类型等进行对比分析，从而确定其创新的潜在能力。②区域创新实力的分析，主要通过定量分析，加上对比实际表现出来的各种创新成果，以确定创新实力的强弱。近期重点研究问题在于如何通过优化区域创新组织结构来增强区域创新的实力，如劳森（Lawson）和罗伦兹（Lorenz）对明尼拿波利斯及剑桥地区的实证研究。③区域创新对区域发展影响研究。侧重区域创新对区域经济增长、经济的区域竞争能力及区域整体竞争力的贡献（申雪梅，2008）。

5）区域创新过程研究

对区域创新过程的研究主要包括以下几个方面：①区域创新运行的机制。目前达成共识的主要观点为学习机制，其一是组织学习机制，其二是集体学习机制。②区域创新模式研究。自主创新、模仿创新和合作创新是三种基本技术创新模式（傅家骥，1998），而在区域创新模式研究中，文献涉及较多的是通过区域内企业、R&D机构等与其他区域进行合作而实现的区域合作创新模式（霍丽明，2009）。③区域创新演化过程研究。主流观点认为，区域创新体系的发展演化与自身已有的发展基础密切联系，具有过程相关性；部分文献涉及知识密集型经济的劳动地域分工，认为区域创新系统的演化与横向经济技术分工合作关系密切（邓文峰，2010）。

5. 区域创新体系研究进展评价

纵观国际区域创新体系研究在20世纪90年代以来的进展，可以反映其中以下几个方面的特征：①对于国家层次的区域创新体系的研究较为关注，已经提出较为完善的理论体系，但是，对于区域层次的区域创新体系的研究相对滞后，尚没有形成完整的理论体系；②在研究方法上，以对具体地区的创新体系描述为主，缺乏系统化和规范化的分析指标体系；③在实践领域中，一方面表现为对国家层次及国际层次的区域创新体系研究探讨，另一方面表现为对某些经济技术发达的地区创新分析研究较多，而对于一般地区甚至落后地区如何实现创新发展，尚缺乏足够的重视。

第二节　区域创新体系的内涵与分类

一 内涵

（一）区域创新

区域创新概念有广义和狭义之分。广义区域创新是指整个区域文化、社会、经济发展创新；狭义区域创新则仅指与区域新技术、新知识创造、产生、流动、应用有关的过程。区域创新研究就是在区域制度性结构的视角下，通过对区域创新过程中产生的区域社会性、区域学习性及区域经济之间相互作用的研究，解释一个区域的制度安排及文化环境是如何影响该区域科技创新活动的。

（二）区域创新体系

区域创新体系的理论来源有两个：一个是国家创新体系理论；另一个是渐进经济学和现代区域发展理论（丁焕峰，2010）。

国家创新体系主要由创新主体、创新基础设施、创新资源、创新环境、外界互动等要素组成。《国家中长期科学和技术发展规划纲要（2006—2020 年）》中指出，国家科技创新体系是以政府为主导、充分发挥市场配置资源的基础性作用、各类创新主体紧密联系和有效互动的社会系统。

1992 年，英国学者库克最早提出了“区域创新体系”，其后布拉茨克、库克和海登里希所主编的《区域创新系统：全球化背景下区域政府管理的作用》一书对该理论进行了较为详细的阐述，认为区域创新体系主要是由在地理上相互分工与关联的生产企业、研究机构和高等教育机构等构成的区域性组织体系，而这种体系支持并产生创新。道劳何认为，区域创新体系理论的核心在于一个经济体的创新绩效依赖于公司和研究机构的创新能力，以及它们与公共机构之间的相互作用（陈伟，2012）。奥迪欧则从功能性角度对区域创新系统进行了分析，认为功能性区域创新体系内都存在两个关键的子系统：一是知识运用和开发子系统，客户和供应商围绕生产企业组成纵向网络，合作者和竞争者则构成生产企业的横向网络，知识在这个以生产企业为中心的纵横交错的网络系统中得到运用和融合；二是知识产生和扩散子系统，知识主要在公共组织如研究机构和教育机构中产生，通过技术转移机构、劳动中介机构及支持创新的其他区域机构得到扩散和传播（赵凌晨，2007）。

国内学者中，冯之浚（1999）认为，区域创新体系是由某一地区内的企业、大学和科研机构、中介服务机构和地方政府构成的创新体系。黄鲁成认为，区域创新体系是指在特定的经济区域内，各种与创新相联系的主体要素（创新的机构和组织）、非主体要素（创新所需要的物质条件），以及协调各要素之间关系的制度和政策网络（于明浩和郭鹏，2012）。王核成和宁熙（2001）指出，区域创新网络是指在某一特定区域内互相联系、在地理位置上相对集中的利益相关多元主体共同参与组成的以技术创新和制度创新为导向、以横向联络为主的开放系统，它是在地理位置上相互靠近的经济主体之间通过某种方式而形成的一系列长期交易关系的集合，其中既包括把各类行为主体联结起来的一般关系，更大量的则是体现在系统内资产、信息、人才、技术的流动等具体形式之上的经济主体之间的交互关系。陈德宁和沈玉芳（2004）等则认为，区域创新系统是指由一个区域内参加技术创新和扩散的企业、大学、研究机构、中介服务机构及政府组成的，为创造、储备、使用和转让知识、技能及新产品提供交流关系的网络系统。杨开忠（2006）则认为，区域创新体系是一组个人和机构交互作用而形成的、有益于知识产生、使用和传播的体系。

一般认为，作为国家创新体系的重要组成部分，区域创新体系是指一个区域内有特色的、与地区资源相关联的、推进创新的制度组织网络，其目的是推动区域内新技术或新知识的产生、流动、更新和转化。

二 分类

早在20世纪80年代，西方各国就把建立国家和区域创新体系作为提升国际综合竞争力的国家战略。进入21世纪，创新能力和创新体系建设正成为一个区域获取竞争优势的决定性因素。由于世界各国在区域资源禀赋、技术条件、市场基础、产业结构、文化传统等方面存在差异，各地在推进创新方式和发展重点上形成了不同的特点和趋势，进而形成了区域创新体系的不同模式。

国内不同的学者对区域创新体系模式从不同角度进行了分类。本书按照区域创新体系的管理模式，将区域创新体系分为市场主导型模式、政府主导型模式、政府与市场共推模式。对国内外的区域创新体系模式进行分类和比较分析，总结先进的经验和模式，为甘肃省区域创新体系建设提供有益的启示和借鉴。

（一）市场主导型模式（美国、中国深圳）

1. 美国硅谷模式

美国是全球区域创新体系发育最为完备的典型国家。美国富有创新的文化传统、适应自由市场的政治体制、规范的法律法规、完善的科技创新政策保障了其研发和教育的高投入，能包容多元文化、鼓励创新的社会环境，使美国成为世界的创新型科技强国，并形成了最为全面的国家创新体系（赵树宽等，2008）。

硅谷是美国及世界区域创新体系的典型代表。硅谷是一个长度约 25 英里的山谷地，在斯坦福大学工业园区基础上发展起来，已成为美国创新精神的象征。这个由上万家中小企业集聚形成的企业集群，在实现规模经济的同时，始终保持着持续不断的自主创新能力，最终在全球的竞争中获得了优势。

1）智力资源高度密集

硅谷拥有雄厚的高层次创新人才资源和技术创新的科研资源。区域内有著名的斯坦福大学、加利福尼亚大学伯克利分校、加利福尼亚大学圣塔芭芭拉分校等大学。该地区博士数占加利福尼亚州博士总数的 1/6，世界上的诺贝尔奖获得者有 1/4 在硅谷工作，智力资源对硅谷经济发展的作用不可估量。

2）完善的市场机制

硅谷创新体系是以市场为主导的，市场发挥着配置创新资源的基础性作用，政府基本不参与企业的经营。在完善的市场机制下，各创新要素配置合理，功能配置完善；创新主体职责明确，依据市场导向进行分工，在创新链的不同环节进行自主创新；根据市场需求推进和实现创新产品的产业化发展，企业、科研机构、高校、中介机构、风险投资等创新主体之间以市场为纽带，连接成强大且连续的创新链条。

3）特殊的社会文化环境

硅谷鼓励创新、宽容失败的创新文化，是硅谷获得成功、成为世界高技术产业集群典范的关键性因素。硅谷文化的主要特征可归结为鼓励冒险、善待失败、乐于合作，独特的思维方式为创新提供了热土，硅谷对创业失败的宽容和冷静也是硅谷保持活力的重要因素。硅谷内企业间的合作文化和共享精神也是十分独特的，公司间非正式合作是发展的推动因素（谭贤楚，2005）。

4）成熟的风险投资机制

硅谷最大的特点和优势是鼓励创新和风险投资。据美国风险投资协会统计，硅谷吸引了全美 1/3 的风险投资并吸引了世界上最大的风险投资公司在此落户。风险投资成功的原因：一方面，集中了一批既懂业务又富经验的风险投资家；另一方面，成熟的高新技术交易和证券市场也是不可缺少的条件（周琪和徐修德，2005）。

5）特有的区域创新网络体系

它由包括创新机构、创新基础设施、创新资源、创新环境四个相互联络、相互作用、相互协调的要素有机组成。创新机构主要包括企业、大学、科研院所、孵化器及其他中介机构；创新基础设施包括信息网络、图书馆、数据库、公共基础设施等基本条件；创新资源指金融、人才、信息、知识、专利等；创新环境是政策法规、管理体制、市场与服务的统称，是维系与促进高新区创新的保障因素。正是它们的存在与积极作用，推动了区域创新网络的发展完善。

2. 中国深圳模式

深圳市是一个新型的移民城市，移民文化是其区域文化的重要特征，一定程度上培育了具有“硅谷特色”的区域创新环境，逐步形成了以市场为导向、产业化为目的、企业为主体、人才为核心、公共研发体系为平台，辐射周边、拓展海内外、“官产学研资介”相结合的区域创新体系（陈广文，2002）。

1）以市场为导向的区域创新体系

深圳市通过不断的改革，清除影响市场机制建立的体制性和制度性障碍。在推进自主创新的过程中，深圳市始终坚持以市场为导向，以产业化为目的，充分发挥市场对自主创新资源配置的基础性作用，利用市场调配资源，通过市场机制引导企业开展自主创新活动。

2）以企业为主体的技术创新体系

深圳市缺乏大学和科研机构，要开展自主创新只有紧紧依靠企业。正是这种特殊的历史条件，使得深圳市在国内率先建立了以企业为主体的自主创新体系。技术创新平台设在企业，大大降低了科技研究开发的盲目性和风险性，基本上解决了科技研究开发与市场脱节的问题，实现了科技与经济的良性循环。

3）集聚创新资源的科研创新体系

深圳市与各个城市、大学、科研机构形成了辐射全国的科技资源配置网络、信息传输网络、人才流动网络和科研合作网络。深圳市政府与清华大学、哈尔滨工业大学合作建立技术创新研究院，与北京大学、香港科技大学合作建立产学研合作基地，与国内外40多所著名大学合作建立了虚拟大学园，为国内著名大学在深圳市进行科研成果的产业化和高层次、创新型人才培养提供了各方面的支持。据不完全统计，全国已有100多家高等院校和科研机构在深圳市设立了技术开发和产业化基地。

4）高新技术产业集群化发展模式

深圳市科技投入持续增加，推动了高新技术产业的迅速发展，实现了高新技术产业发展从依赖外资到依靠自主创新的转变。现已成熟的产业集群有：计算机及外设制造产业、通信设备制造产业、充电电池产业、平板显示产业、数字电视产业、生物制药产业等一大批有影响力和产业辐射带动能力的产业集群。高新技术产业已经成为深圳市的第一支柱产业，对产业、经济、社会发展及财政收入做出了直接贡献（许茂煜，2007）。

（二）政府主导型模式（日本、中国北京）

1. 日本筑波科学城模式

日本是后发赶超、实现跨越式发展的典型国家，这主要归功于第二次世界大战后日本实施“技术立国”的国家战略，在科技资源投入、产学研合作和科技成果转化、科技体制等方面全力推动科技创新。20 世纪 60 年代，日本采取的是典型的“政府主导”的科技管理模式，政府组建部门领导全国科技工作，制定全国科技方针政策，编制大型研究与开发计划，并介入其他部门的科技事务等，政府主要依靠行政、法律手段发挥科技创新领域的主导作用。筑波科学城是日本实施“技术立国”战略重要举措的重要成果，也是这一时期“政府主导型”区域创新体系的典型代表。

1）高度集权的管理机制

日本政府在筑波科学城的建立与发展中起主导作用，筑波科学城从初步规划、选址到科研等整个过程和运行完全按照政府的决策部署，科研机构和科技人员是由政府决策的，基础设施、私人研究机构和企业也是由政府计划管理与控制的。筑波科学城的各类研究机构和科研设施，以及其他企业等均受政府主管部门的领导和指挥，在必要情况下政府还直接参与科学城的生产经营，和私人资本建立合资公司。

2）政府主导的研发投入

筑波科学城完全由中央政府资助，1964 年筑波科学城开工建设，耗资 50 亿美元。1974 年，日本政府将所属 9 个部厅的 43 个研究机构，共 60 000 余人迁到筑波科学城，形成以国家研究机构和筑波大学为核心的综合性学术研究和高水准教育中心。自 20 世纪 80 年代以来，日本全国 30% 的国家研究机构和 40% 的研究人员都集聚在筑波科学城，政府研究机构 50% 的预算都投资在筑波科学城。

3）健全的政策保障机制

筑波科学城有健全的立法保障和优惠政策：有专门对高新技术产业区制度的法律法规，有与高新技术产业区相关的国家科技经济乃至社会经济法律法规。通过立法，对房地产租赁、设备折旧、税收信贷、社会资本等给予优惠政策和措施，强有力的保障和促进科学城的持续快速发展。《筑波研究学院园区都市建设法》《研究交流促进法》《实施令》等法律法规，规划了研究学院地区及周边地区的开发建设，对国家院所公共设施的使用做了具体规定。

20 世纪 90 年代，筑波科学城进入又一轮创新发展阶段。筑波科学城转型的原因：一方面是创新绩效表现不佳；另一方面是日本在世界经济竞争格局中的地位下降要求其国家科技创新战略做出相应调整，适应老龄化、人口减少及产业结构调整的需要，从而对筑波科学城的功能定位、创新内容等提出新的挑战。为此，1995 年日本制定《科学技术基本法》，并于 1996 年确定了《科学技术基本规划》，将筑波科学城定位为信息、研究、交流的核心位置。为适应新的发展形势，1998 年 4 月，将 21 世纪的筑波科学城的功能定位为：科学技术中枢城市、都市圈核心城市、生态生活模范城市（王永宁，2002；扬宏，1995）。

筑波科学城的再创阶段，是从制度变革起步的，旨在削弱国有研究机构的制度惰性，更顺畅地连通科学研究、技术创新、成果转化、商业化生产之间的纽带，让筑波科学城从纯粹的“科学乌托邦”中走出来，与产业、城市，乃至市民都建立更紧密的联系。目前，筑波科学城已经成为日本的国际学术活动和科学交流的主要据点、科学技术振兴的发动机、科技成果反馈社会的典范。

2. 中国北京模式

北京区域创新体系是政府主导型，政府在一定程度上担当了科研开发的主体，其区域创新主要来源于内生力量。政府通过建设支撑服务体系、营造有利于创新的环境、引导和配置资源，尤其是资金的配置，推动整个区域创新体系的构建，促进区域经济发展壮大（刘悦镔，2004）。

北京中关村国家自主创新示范区创建于1988年，2009年被国务院正式批复成为我国第一个国家自主创新示范区。经过20多年的发展，中关村已经发展成为“一区十园”跨行政区的高端产业功能区，中关村区域创新体系也成为北京创新模式的典型代表。

1）强大的智力支撑优势

北京中关村拥有以北京大学、清华大学为代表的39所高校，以及中国科学院和国家部委在京院所、民营研究院所140多家；拥有高素质创新创业人才超过百万，留学归国创业人员数量占全国的近1/4；拥有国家级重点实验室57个，国家工程技术研究中心29个；拥有大学科技园17家，留学人员创业园29家，企业自主设立与管理的职业化运作的新型协会组织超过30家。2012年，中关村企业申请专利2.8万件，其中有60%是发明专利。

2）逐步完善的孵化体系

在国家及北京市相关政策的支持下，中关村初步形成了包括大学科技园、科技企业孵化器、留学人员创业园在内的创业孵化体系。截至2010年，孵化总面积超过180万平方米，在孵企业数量近5000家。通过大学科技园及科技企业孵化器转化的科技成果超过3000项，涉及电子信息、新材料、能源环保等多个战略性新兴产业领域。

3）政府高额的研发投入

中关村国家自主创新示范区科技创新活力的不断增强得益于政府高额的研发投入，中关村研发经费的投入一直占全国总投入的1/6以上，研发经费大多为中央财政和地方财政投入到国家级科研院所和研究型大学的经费，企业研发经费只占研发经费总支出的45%左右。2010年，为支持中关村国家自主创新示范区核心区建设，北京市整合海淀区级财政中用于支持企业发展的全部资金，资金总规模达12亿元，支持力度大大增强。

4）强有力的创新激励政策

中关村开展股权激励机制、政府股权投资等试点，并制定出台了一系列创新创业的激励政策：政府帮扶小企业承接大工程、高新企业股权激励“门槛”降低、中关村自主创新产品获政府优先采购、示范区企业上市最高可获200万元资助、创投企业助力高新企业最高获300万元补贴、中小企业贷款最多可获4成贷款贴息、留学归国人员创业最高可获5成贷款贴息、企业信用保险可获保费5成补贴、高薪招聘吸引高端人才等（王海芸，2010）。

（三）市场与政府共推模式（印度、中国上海）

1. 印度班加罗尔模式

被喻为印度硅谷的班加罗尔，是印度著名的高新科技城。自1991年建立印度第一个软件技术园区以来，班加罗尔吸引了海内外400多家著名的信息技术业公司，被称作印度的软件之都、全球十大硅谷之一和全球第五大信息科技中心。近10年来，班加罗尔的发展由南向北渐次推进，形成遍布全国的软件产业集群。软件业发展还带动了印度其他产业的发展，如呼叫中心、数据处理、地理信息系统服务、人力资源管理等服务业务。班加罗尔迅速崛起的原因主要有以下几个方面（常青，2006）。

1）良好的硬环境建设

地方政府艰苦创业，筹资兴建水电基础设施。投入大量资金用于数据通信枢纽建设，为区内企业提供数据通信服务和增值服务，为软件研制企业提供可与任何发达国家相比的一流工作环境和生活环境。

2）良好的软环境建设

一是政策环境。政府把软件产业置于优先发展的地位，大力扶持和发展信息技术产业，对软件园区内企业提供发展信息业的种种优惠政策。同时，政府一直致力于吸引外资发展软件产业，并将班加罗尔的发展成果和优势进行宣传、推广，放宽外资软件企业进入印度的壁垒，外方控股可达75%~100%，使班加罗尔成为世界企业界的进军目标。二是科研环境。印度政府投入巨大财力建立了一批重点试验室，包括与国防工业有关的试验室，最大限度地向民间开放。班加罗尔的研究机构在航天、计算机等高科技领域与俄罗斯、美国、欧洲的科研机构及联合国的有关组织保持密切而广泛的合作，和许多机构推行双边及多边合作，充分利用国外的技术成果和资金援助。三是法律环境。为保护软件业的发展，印度政府十分注重知识产权保护，制定了一系列法律法规。对版权者的权利、软件的出租、用户备份的权利、侵权的惩处和罚款等都作了明确的规定。同时，印度政府还严厉打击盗版活动，维护软件创作者的权益。

3）注重产学研合作与交流

一是印度的高校都设有董事会，董事会成员反映企业要求，同时，来自生产一线的教师和专家，推动教学内容与企业的需求和实践紧密联系。二是班加罗尔地区的大学积极鼓励和支持高校师生到科技园从事创新创业活动。这种双向互动的模式，不仅实现了人才合理流动，而且逐步形成班加罗尔科技园良好的自我发展能力和良性循环机制。同时，班加罗尔与周边科技园、“IT 金三角”等，形成了立体的协同创新网络，有效地延伸了资金、信息、技术、人力等产业价值链，有利于形成产学研的长效合作机制。

2. 中国上海模式

上海区域创新体系是市场和政府共同主导型。上海在“长三角”都市圈中处于核心地位，拥有雄厚的工业基础，区域创新能力在全国处于领先地位。上海创新模式的文化是一种本地“海派”文化和大量留学归国创业人员的多元国际文化的融合，营造了良好的创新氛围。

1）重视培育企业创新主体

深化实施科技“小巨人”工程，扩大中小企业创新资金规模，完善和推广企业专项，支持成长型科技企业，与上汽集团、上海电气签署战略合作框架协议，围绕企业重大需求，加强与大企业集团的创新合作，推进产业技术创新联盟建设。制定创新型企业建设管理办法，继续实施“企业加速创新计划”，引导和支持企业提升创新管理水平。支持企业编制技术发展规划和路线图，加快建立自主技术体系（王立等，2007）。

2）全面推进创新示范区建设

积极促进《上海张江国家自主创新示范区发展规范纲要（2013—2020 年）》的部署实施，优化张江功能布局，拓展发展空间，深化创新功能、产业功能和城区功能融合发展。协同促进股权激励、人才特区、科技金融、财税支持和管理创新等方面的先行先试，深入开展政策研究和跟踪调研，加强张江品牌建设和对外宣传推广。配合完善张江专项资金使用管理机制，支持功能建设。加快推进张江管理体制机制改革，支持张江高科技园区管理委员会机构和职能调整，加强服务协调和考核评估。进一步指导深化紫竹国家高新区建设与发展。

3）“官产学研”结合日趋紧密

上海市政府实施了有效的创新管理，并通过经济政策、社会政策和技术政策初步解决了系统和市场的失灵问题，引导和推动了自主创新，并根据产业发展的方向，通过聚集科研院所、高校和企业的创新资源，强化以企业为主体的“产学研”联合。上海工业系统的企业集团就与各高校签订了长期战略合作协议，中国科学院上海分院已在上海部分研究所分别组建成立了高科技发展基地和生命科学研究院，国家教育部和上海市政府还决定共同支持复旦大学、上海交通大学，同时，国内外一些著名公司和企业也纷纷在上海建立研发中心。

4）创新创业服务体系不断完善

加强研发公共服务平台建设，建立健全公共服务规范和协同服务机制，加强用户网络建设，支撑中小企业技术创新和技术转移。鼓励企业等社会力量围绕专业领域建设专业技术服务平台。开展技术服务与管理人员培训。加强市、区（县）两级科技创业服务机构建设，完善科技创业苗圃、孵化器和加速器等创业服务链。鼓励和支持民间力量参与科技创业孵化器的建设和运营。深化各类技术转移机构建设。大力发展知识服务业，探索通过政府购买服务等方式，加大对市场化、专业化服务机构的培育力度。

上海区域创新体系建设成效显著，但《中国区域创新能力报告》显示，上海市区域创新能力综合排名由2008年的第1名下降到2012年的第4名，上海模式出现了不小的困惑，制造业“空心化”和“腾笼换鸟”的产业结构调整策略是造成其排名下滑的重要原因。在全面协调的区域创新体系建设中，上海坚持引进技术与原始创新相结合，推进符合产业发展需要的引进消化再创新，并通过集成创新来整合技术优势，走“集成创新”的新模式，促进“产学研一体化”发展，并在服务业上寻求突破，力争形成新的区域创新体系格局。

第三节　国内外区域创新体系建设启示

自20世纪90年代以来，随着经济全球化进程的深入和国内市场经济体制的健全，我国区域经济的发展面临着越来越大的竞争压力。理论和实践均已证明，一个区域在全球或国家经济的产业链和劳动地域分工中的地位，主要取决于区域的竞争优势，而构成竞争优势的核心因子是区域的创新能力，尤其是面广量大的中小企业的技术创新能力，是区域竞争优势最关键的载体（黄艳，2008）。知识集群和技术集群有利于学科的交叉互动和技术的转移、扩散，促进高新技术及其产业实现新的突破。产业集群正成为提升区域创新能力的有效途径。产业集群发展已成为世界范围内政府和产业界的共识，在我国参与全球产业分工、提高国际竞争力和走新型工业化道路中具有重要的作用。

一　促进创新型中小企业的衍生和集聚发展

亨特森（Henderson）通过比较新产业的进入者和原有企业之间的能力来探索新技术上的重要变化，发现新的进入者更有可能完成激进式创新的市场化过程。中小企业带来的与其总体规模不成比例的创新份额也对以上观点提供了有力佐证。实际上，在高新技术领域中小企业是实现知识市场化的一个有效组织形式。由此不难看出科技型中小企业衍生和集聚能力的高低直接决定着高新技术产业集群的竞争能力，所以世界各国政府在促进高新技术产业集群发展方面都是不遗余力的。例如，美国有专门的小企业创业管理机构，改善小企业创业环境，为其提供贷款担保，可担保其所需资金的90%，或为其提供免费咨询与服务，以及帮助它们获得与联邦政府的合同。

同时，建立在共同基础科学之上的不同产业在同一地点的集聚所形成的交叉性产业集群是地方可持续发展和形成更强竞争优势的根本所在。所以，希望政府采取有效措施，引导和推动那些受益于互补资源的产业和中小企业在地理上集中布局，从而获取更高的创新生产率。

而且，要加快创新性科技企业的孵化，提高成活率。孵化器能降低科技型小企业的创业风险，是促进高新技术企业生成和成长的有效途径。据统计，在美国500家企业孵化器中，经孵化的高新技术企业的成功率为75%，是未经孵化的企业成功率的3倍（盖文启，2004）。

二 促进人才资源的开发与集聚效应产生

科技创业人才集聚功能开发是高技术产业集群竞争力不断提升的关键。硅谷地区的成功是与其有效地吸引海外科技人才集聚创业密不可分的。而海外科技人才中来自发展中国家的最多，例如，硅谷亚裔员工中华裔占51%，印度裔占23%，越南裔占13%，而日本裔和韩裔分别只占4%和3%。集聚人才的关键在于激发科技型小企业人才需求规模。硅谷地区科技型小企业创业成长能力很强，并建成了面向全球的科技人才流动机制，使得世界各国一流的科技创新人才都能自由地向硅谷集聚。硅谷完善的人才流动机制还表现在硅谷企业之间良好的人才流动上，并内化为硅谷地区的一种生活方式。

三 完善区域创新体系，促进官产学研密切协作

在发展中国家要提高高技术产业集群的地方创新能力，建立和完善官产学研合作机制和途径就显得格外重要。究其原因，主要有：①大多数高技术产业集群都是政府干预或引导的产物（孙玮，2007）。例如，印度由于政府政策扶持到位，印度科技园软件产业在全球按客户要求设计的软件开发市场上，已经成为仅次于美国的世界第二大软件王国。②没有大学和科研机构对高新技术产业集群的功能扩展和延伸，集群内的发展既不名副其实，也不具备比较优势。③产业界的参与是高技术集群发展壮大的重要力量。例如，1999年法国科技园区内的科技型小企业中有3/4是由产业界创办的，给高新技术产业集群的发展提供了牢固基础。

四 构建有效的集群外部网络关系

国际研究表明，一方面地方化的智力资本是高新技术产业发展的关键所在；另一方面也说明了知识流动的外部性一般只存在于这些核心智力资本所在的区域。不过研究也显示，那些通达学术带头人的企业比起无门无路的企业业绩总是要好得多。这就为发展中国家如何谋求高新技术产业集群的国际竞争能力提供了一个明确的思路，即构建起一个有效的通达国际核心智力资源所在的外部网络关系，该网络关系对集群的创新能力至关重要。

五 建立健全风险投资机制，提高金融服务水平

硅谷地区成功发展的实践证明，风险投资是高技术产业和新经济发展的有利条件，也成为高新技术企业创业的催化剂（卢山和张怀明，2005）。美国是世界上风险投资规模最大的国家，已占世界风险投资的一半以上，而硅谷的风险投资又占到了美国的1/3强。由于风险投资的促进作用，硅谷地区的科技型小企业成长迅速。在过去的10年中，在纳斯达克（NASDAQ）上市的公司有4416家，筹集资本高达1500亿美元。因此，风险投资和硅谷地区的发展形成了一种相互促进的良性循环机制。

六 加强知识产权的保护

作为发展中国家，中国的法制体系有很多不完善之处。高新技术产业的产品和技术必须得到国家的有效保护，才能形成一种真正的鼓励创新的机制。印度作为一个发展中国家，在知识产权保护上与国际接轨，并坚持不懈地加以落实，从而为本国的软件产业的发展提供了一个良好的平台和背景（刘春香，2005）。中国也可以在这方面做出更多的努力。

第三章 甘肃省区域创新体系现状

区域创新体系主要由体系要素和要素之间的联动组成。要素主要是指各类与知识生产、传播扩散和应用有关的机构，如企业、科研机构、大学、中介机构等。要素之间的联动主要是指与知识流动和资源配置相关的方式、渠道和内容，涉及相关的激励结构或机制（杨省贵和顾新，2011）。对甘肃区域创新体系的要素、系统构架、运行机制进行综合分析，不仅有利于区域创新体系的建立及微观创新活动的实践，而且有利于甘肃省创新资源配置的优化，以及为今后区域创新发展和创新政策的制定提供科学依据。

第一节　甘肃省区域创新要素现状

区域创新体系实质上就是区域创新主体积极利用和合理配置创新资源，在特定的创新环境下形成的一个旨在推动创新的系统。在区域创新体系中，区域创新主体是区域创新的执行者、参与者和推动者，创新资源是区域创新的基础和条件，而创新环境则是区域创新得以顺利进行的根本保障。在区域创新体系中，这三者缺一不可，合理的主体结构、高效的创新资源配置和优化的区域创新环境，有利于推动区域持续的创新；反之，则会降低区域创新的效率，不利于区域创新的顺利进行。

甘肃省区域创新要素主要由三大部分组成，即创新主体要素、创新资源要素和创新环境要素，这三者有机地耦合在一起，就形成了甘肃省区域创新体系（图 3-1）。其中，创新主体要素包括高等院校、科研院所、企业、中介机构和政府；创新资源要素包括知识与信息、人力资源和资金等；创新环境要素包括内部创新环境和外部创新环境，内部创新环境又包括创新硬环境（基础设施等）和创新软环境（如市场、制度、政策、法规、信用和社会文化等）两部分，外部创新环境又包括通达性条件和区域之间的联系与合作等，如表 3-1 所示。

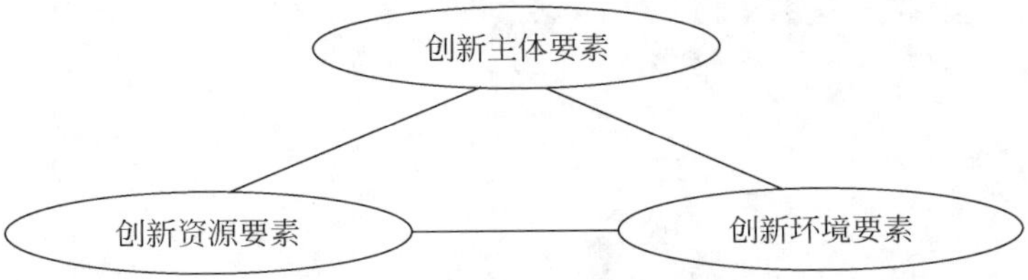

图 3-1　甘肃省区域创新要素

表 3-1 甘肃省区域创新要素构成

甘肃省区域创新要素	创新主体要素	高等院校	普通高等院校
			成人高等院校
			职业技术学院
		科研机构	自然科学研究机构
			人文社科研究机构
			科技信息与情报机构
			其他科研机构
		企业	国有大中型企业
			中小型企业
			民营科技型企业
			其他企业
		中介机构	生产力促进中心
			大学科技园
			技术开发中心
			创业服务中心
			技术市场
			其他中介机构
		政府	各级人民政府
			开发区管理委员会
			其他政府管理机构
	创新资源要素	知识与信息	专利
			科技论文及专著
			科技、经济信息
			其他知识与信息
		人力资源	科学家
			工程师
			专业技术人员
			技术开发人员
			其他人才
		资金	财政拨款
			民间资本
			风险资本
			其他资本

续表

甘肃省区域创新要素	创新环境要素	内部创新环境	创新硬环境（基础设施、综合经济实力等）
			创新软环境（市场、制度、政策、法规、信用和社会文化等）
		外部创新环境	通达性条件
			区域之间的联系与合作

一 创新主体要素现状

甘肃省区域创新体系主体要素包括高等院校和科研机构、企业、中介机构和政府，形成四角相倚的格局（图3-2）。其中，高等院校和科研机构主要从事科技知识生产活动，是知识创新的主体和依托。企业是技术创新的主体，是技术创新投入、技术创新活动和承担收益、风险的主体。中介机构是沟通科技创造和科技流动转换的“桥梁”和“纽带”。政府则是整个创新系统的营造者和维护者（或者说是宏观调控者），主要从事组织和集成社会资源、营造政策环境、创造并引导市场需求、推进科研基础设施建设、评估及监督等活动。

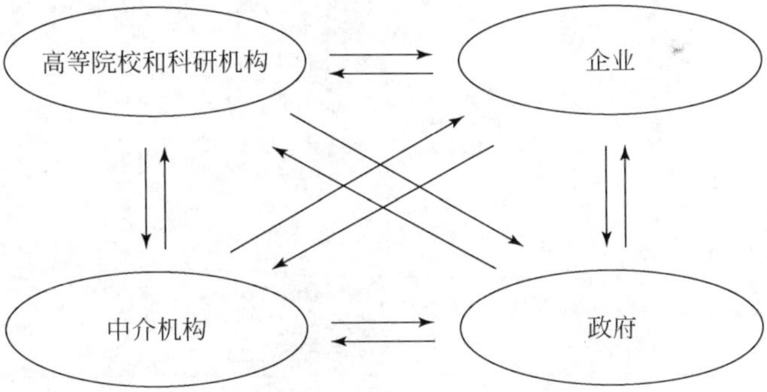

图3-2　甘肃省区域创新体系主体要素

（一）高等院校和科研机构

高等院校和科研机构作为创新体系中的重要力量，聚集了大量的科技人才，具有雄厚的科研基础、众多的科研成果、广泛的国内外信息资源等优势，是创新力量最集中的地方，承担了国家的主要知识创新、技术创新和技术研发工作，在区域经济发展中起着越来越重要的作用。但是高等院校和科研机构在创新中还存在诸多问题。

1. 创新人才不足

2011年，甘肃省共有普通本、专科学校37所，毕业生9.91万人，其中，本科生 5.12 万人，专科生 4.79 万人；本专科招生人数 12.35 万人，其中，本科生 6.8 万人，专科生 5.55 万人；普通高校在校生达到 40.53 万人，仅占全国的 1.76%。

从表 3-2 可以看出，2004～2011 年甘肃省和全国的普通高校数量与在校人数都在逐年增加，说明我国高等教育的规模在逐步扩大，高等教育正在大众化、普及化。在高等教育规模大幅扩大的同时，各高校不断加大学科专业结构调整力度，全面实施“人才强校”战略，大力开展精品课程和实验教学示范中心建设，加强教育教学管理，教育教学质量稳步提升。2007 年，甘肃省 9 所本科院校接受了教育部本科教学水平评估，其中兰州大学、西北师范大学、兰州交通大学、兰州理工大学被评为“优秀”。国家示范性高等职业院校建设工作取得了积极进展，兰州石化职业技术学院、甘肃林业职业技术学院先后进入“国家示范性高等职业院校建设计划”行列。

表 3-2　2004～2011 年甘肃省高等教育规模及与全国的比较

年份	全国普通高校数量/所	全国普通高校在校人数/万人	甘肃省普通高校数量/所	甘肃省普通高校在校人数/万人
2004	1731	1333.5	31	22.03
2005	1792	1561.8	33	22.95
2006	1867	1738.8	33	26.37
2007	1908	1884.9	34	29.60
2008	2263	2021.0	34	33.19
2009	2305	2144.7	34	36.15
2010	2358	2131.8	35	38.15
2011	2409	2308.5	37	40.53

资料来源：《中国统计年鉴》（2005—2012）、《甘肃发展年鉴》（2005—2012）

随着近年来高校的扩招，甘肃省与全国高校规模的差距正在逐步减小，但甘肃省的校均规模一直低于全国水平（图 3-3）。至 2009 年，全国校均规模为 9304.37 人/所，甘肃省为 9268.97 人/所，与全国水平相比，还相差 35.4 人/所，与教育发达地区相比这种差距会更大。此外，2011 年全国每十万人口高等学校在校学生数为 2253 人，而甘肃省仅为 2041 人，甘肃省的创新人才还不充足。

2. 科技创新拔尖人才不能满足区域发展需要

从研究生培养情况来看，截至 2008 年 2 月底，甘肃省有博士学位授予单位 11 家，硕士学位授予单位 17 家，博士学位授权学科 121 个，硕士学位授权学科 519 个，博士后科研流动站 24 个。2011 年，研究生规模进一步扩大，全省研究

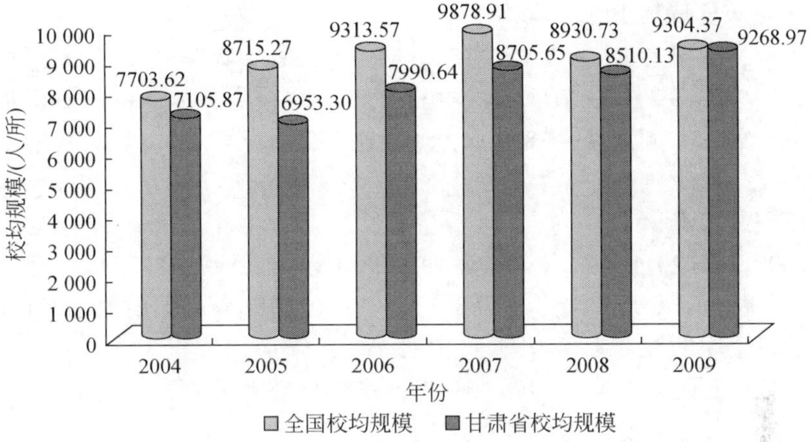

图 3-3　甘肃省与全国高校校均规模比较

资料来源：《中国统计年鉴》（2005—2010）

生教育招生 9307 人，比 2005 年增长 51.43%，在校研究生 26 973 人，比 2005 年增长 81.09%。

但是甘肃省培养科技创新人才的能力还有待进一步提高，2011 年，全国研究生招生数 56.02 万人，在校研究生数为 164.58 万人，毕业生数为 43 万人，甘肃省研究生招生数、在校研究生数和毕业生数分别占全国的 1.66%、1.64%、1.67%，这说明甘肃省的研究生规模还比较小。2009 年，甘肃省在校研究生仅占高校在校生总数的 6.1%，本专科学生与研究生的比例为 15∶1。2007 年，全国 71 所教育部直属高校该比例已达到 4.8∶1，国际上一些著名高校本科生与研究生比例一般为 1∶1 或 2∶1，甘肃省研究生教育与区域发展的需求仍存在较大差距，科技创新人才的缺乏，仍不能满足经济社会发展和区域创新的需求。

3. 独立科研机构较少

2011 年，全省有 R&D 活动机构 383 个，比上年增加 52 个，其中，企业 177 个，科研机构 85 个，高等院校 47 个，其他 74 个。全省有独立科技机构 132 家，比上年增加 3 个，所占比例仅为 34.46%，如图 3-4 所示。

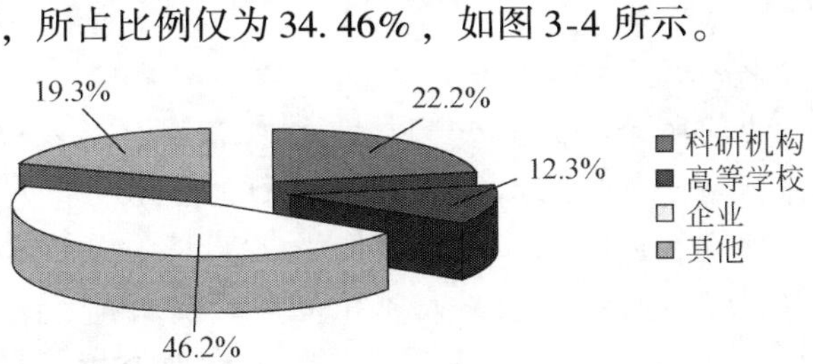

图 3-4　2011 年甘肃省 R&D 活动机构分布

资料来源：甘肃科技发展报告（2012 年）

4. 研发人员规模小

2011 年，甘肃省 R&D 人员共有 31 819 人，其中大学本科及以上学历人员 20 338 人，占 63.9%。R&D 人员按执行部门分，企业 15 242 人，科研机构 6220 人，高等院校 6518 人，其他 3839 人，所占比例分别为 47.9%、19.5%、20.5% 和 12.1%。

5. 专利应用率低

从 2005 年到 2011 年，甘肃省专利申请和授权的比例都在稳步上升，但项目应用率却呈现先降后升的趋势（表 3-3）。其中，2011 年登记的 1048 项应用成果中，已得到应用的成果有 849 项，占 81.0%；未应用成果 199 项，占 19.0%，究其原因主要是资金、技术问题。此外，市场问题、管理问题、政策因素也造成小部分成果未能应用。

表 3-3　甘肃省专利申请和授权及应用情况

年份	申请数/项	授权数/项	应用项目数/项	项目应用率/%
2005	1759	547	497	90.80
2006	1460	832	533	64.10
2007	1608	1025	514	50.10
2008	2178	1047	546	52.10
2009	2676	1274	769	74.6
2010	3558	1868	985	80.20
2011	5287	2383	849	81.0

资料来源：《中国统计年鉴》（2006—2011）

总之，甘肃省高等院校与科研机构科研成果有效利用率不高。高等院校学科设置僵化、落后，不利于交叉学科、新学科及创新人才的发展。甘肃省高等院校要实现人才培养、科学研究、社会服务的协调发展，就必须始终坚持以建设创新型甘肃为培养导向。

（二）企业

随着经济全球化进程的加快，全球性的产业结构调整步伐进一步加快，激烈的市场竞争使企业前所未有地感受到技术创新在生存与发展中的重要作用，建设企业技术中心、提升企业技术创新能力是企业自我发展、提高竞争力的内在需求和参与市场竞争的必然选择。企业作为技术创新的主体，不仅要成为先进科技成果的吸纳者和应用者、创新人才和资金的投入者，更要成为工业产权的主要拥有者、新技术的主要创造者，还要成为产业发展先导技术的引领者、先进管理模式的开拓者。然而，到目前为止，甘肃省企业的技术创新主体地位尚未确立。

1. 有研发机构和科技活动的工业企业数量少

近年来，企业作为技术创新的主体已日益成为全社会的共识。2011 年，甘肃省工业企业中开展 R&D 活动的不到 20%，有科技机构的仅有 10.15%，大多数企业没有自主知识产权的产品和技术，核心技术大多依靠引进。据统计，2011 年甘肃省开展 R&D 活动的工业企业有 138 家，占规模以上工业企业的 10.07%。其中，开展 R&D 活动的大中型企业有 70 家，占全部大中型工业企业的 19.89%。而同年，全国开展 R&D 活动的工业企业有 37 467 家，占规模以上工业企业的 11.5%。其中，开展 R&D 活动的大中型企业 15 709 个，占全部大中型工业企业的 26.01%。陕西省开展 R&D 活动的规模以上工业企业有 332 家，占规模以上工业企业的 9.01%。这表明甘肃省有科研机构和科技活动的工业企业少，低于全国平均水平（表 3-4）。

表 3-4　2011 年甘肃省工业企业开展 R&D 活动情况比较

地区	规模以上工业企业			开展 R&D 活动工业企业占规模以上工业企业比重/%
	企业数/家	有 R&D 活动的企业数/家	有研发机构的企业数/家	
全国	325 753	37 467	25 454	11.5
甘肃	1 370	138	100	10.07
陕西	3 684	332	243	9.01
青海	386	23	13	5.96
宁夏	764	94	86	12.30
新疆	1 738	87	76	5.01
河南	18 328	1 250	993	6.82
四川	12 218	405	453	3.61

资料来源：《中国科技统计年鉴》（2012）

2. 工业企业研发人员投入不足

2011 年，甘肃省 R&D 人员 31 819 人，其中工业企业有 R&D 人员 13 832 人，占总人数的 43.47%。其中，大型企业有 9405 人，比上年增加 429 人，占 67.99%；中小微企业合计有 4427 人，比上年减少 206 人，占 32%。

3. 工业企业研发经费投入少

2011 年，全国企业 R&D 经费支出占主营业务收入的比重是 0.96%，甘肃省为 0.46%，不到全国的一半，企业创新主体地位未得到充分体现，制约了企业快速发展和做大做强。2011 年，甘肃省 R&D 内部经费支出 48.5 亿元，比上年增长 16.7%。其中，工业企业 R&D 经费内部支出合计 25.79 亿元，比上年增长 17.99%，占 53.18%，工业企业 R&D 经费投入强度达 5.13%。从工业企业内部 R&D 经费支出分布来看，大型企业 R&D 经费内部支出合计 20.08 亿元，比上年增加26.63%，占77.85%；中小微企业R&D经费内部支出合计5.71亿元，比上年下降4.83%，占22.15%。这说明"科学技术是第一生产力"的观点已经深入人心，企业越来越注重R&D投入。尽管R&D投入在不断加大，但工业企业R&D经费投入强度、新产品产值占主营业务收入的比重、科技人员中硕士生和博士生的比例和全国相比，依然处于较低水平（表3-5）。

表3-5　2011年甘肃省工业企业科技活动情况及与全国比较（单位:%）

项目	甘肃	全国
开展R&D活动的大中型企业占全部的百分比	5.11	26.01
工业企业R&D经费投入强度	5.13	5.02
科技人员中博士生和硕士生的比例	10.16	12.60

资料来源：第二次全国科学研究与试验发展（R&D）资源清查主要数据公报（第二号）

从企业性质看，在企业R&D经费支出中，国有企业及国有独资公司R&D经费支出15.87亿元，占61.6%；其他内资企业7.92亿元，占30.7%；港澳台商投资企业0.06亿元，占0.2%；外商投资企业0.14亿元，占0.5%，国有企业和国有独资公司R&D经费支出总量最多（表3-6）。

表3-6　2011年甘肃省工业企业R&D经费支出基本情况（按登记注册类型分）

企业注册类型	企业数/家	R&D经费内部支出/亿元	占工业企业R&D经费内部总支出比重/%
内资企业	1320	25.59	99.2
国有企业	163	3.00	11.6
集体企业	68	0.06	0.82
股份合作企业	21	0.05	0.2
联营企业	4	—	—
有限责任公司	486	17.62	68.3
国有独资公司	22	12.87	50.0
股份有限公司	79	4.26	16.5
私营企业	474	0.52	2.0
其他企业	25	0.09	0.3
港澳台商投资企业	19	0.06	0.2
外商投资企业	30	0.14	0.5

资料来源：《甘肃科技统计年鉴》（2011）

4. 工业企业中新产品产值低

工业企业新产品作为工业企业科技创新的直接成果，其产值的高低直接反映出该工业企业的创新能力及将科研成果转化为实际效益的能力。表3-7为

2011 年甘肃省新产品产值占甘肃省工业总产值和主营业务收入的比重及与全国各地的比较。

表 3-7 2011 年甘肃省新产品产值占工业总产值和主营业务收入的比重及与其他地区的比较

（单位:%）

地区	新产品产值占工业总产值的比重	新产品产值占主营业务收入的比重
全国	11.92	11.92
东部	13.56	13.70
中部	9.36	9.17
西部	8.63	8.17
甘肃	8.32	7.70

资料来源：《中国科技年鉴》（2012）

通过比较可以看出，甘肃省新产品产值占工业总产值和主营业务收入的比重均低于全国和东中西部地区平均水平，说明甘肃省工业企业将科技成果转化为现实收益的能力和科技创新能力还有待进一步提高。

5. 企业申请专利少

2011 年，甘肃省共申请专利 5287 项，其中发明专利申请受理 2105 项，与北京、上海、陕西、河南相比，差距明显（图 3-5）。

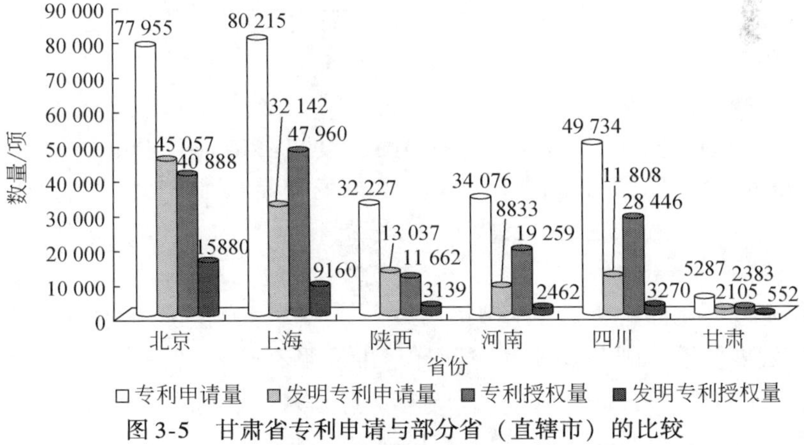

图 3-5 甘肃省专利申请与部分省（直辖市）的比较

资料来源：《中国科技年鉴》（2012）

专利申请受理数据显示，创新能力领先的地区具有明显优势。甘肃省历年专利申请受理数和专利授权数都比较少，其中 2011 年甘肃省申请专利量分别仅占北京市、上海市、陕西省、河南省、四川省的 6.78%、6.59%、16.41%、15.52%、10.63%。这说明甘肃省的区域创新能力不强，企业的创新意识和专利保护意识也不强。

整体来看，甘肃省企业核心竞争力不强。这主要是因为其研发投入少、设计能力低、专利申请少、新产品产值低、企业缺乏流动资金、融资困难。因此，甘肃省应加快创新人才培养，加大研发投入，鼓励自主创新，推进科技进步，实现经济由资源依赖型向创新驱动型转变。

（三）中介机构

中介机构是区域创新体系中推动成果转化的中间环节，也是区域创新体系的重要组成部分。它不仅是联系大学（研究机构）和企业、企业和政府，以及政府和大学（研究机构）的“桥梁”，也是促进官、商、产、学、研密切结合，共同推进区域技术创新的“媒介”。甘肃省科技中介机构起步于20世纪80年代，发展于20世纪90年代，经过多年的发展，其架构目前已基本形成。

1. 技术市场

科技进步在社会经济发展中的作用日益突出，技术交易及其产业化需要技术与资本的有效结合，而技术与资本的有效结合离不开科技中介机构的紧密合作及其多方位、全过程、深层次的服务。因此，科技中介机构合作便成为科技成果转化的必然选择。甘肃省科技成果向现实生产力的转化率不足20%，究其原因主要是技术市场在科技成果产业化中的作用没有得到充分发挥，导致大多数技术成果拥有者，往往因寻找不到合适的投资方而使成果“束之高阁”；风险投资机构和企业因找不到合适的技术成果，而使风险投资计划无法完成，企业缺乏竞争优势和发展后劲。

甘肃省技术市场交易额逐年增加（图3-6），这说明作为科技中介机构之一的科技技术市场正发挥着越来越重要的作用。但是2011年甘肃省技术市场交易额为52.64亿元，仅相当于同年全国技术市场交易额4763.56亿元的1.11%，技术市场的规模仍然比较小，有待进一步发展壮大。

2. 科技企业孵化器

科技企业孵化器也称为创业服务中心，是一种为新生的中小企业提供有利于存活、发展的创业服务环境和空间环境的新型社会经济组织，主要提供技术服务、广告服务、科技服务、公共服务、人才服务、投融资服务等。

目前，甘肃省有甘肃省创业服务中心、兰州高新区创业中心、兰州高新技术创业园等16个不同类型的科技孵化机构，其中，国家大学科技园有3家、地方科技部门办的科技企业孵化器有10家、民营企业办的科技企业孵化器有2家。截至2010年年底，科技企业孵化器共有孵化面积38万平方米，资产总额达3.77亿元；在孵企业855家，已毕业企业224家；在孵企业年销售总收入达24亿元，年研发投入8042万元，在孵企业年纳税总额达11 042.477万元，在孵企业研发成果564项，成果转化356项。从总体来看，甘肃省孵化器数量少，整体

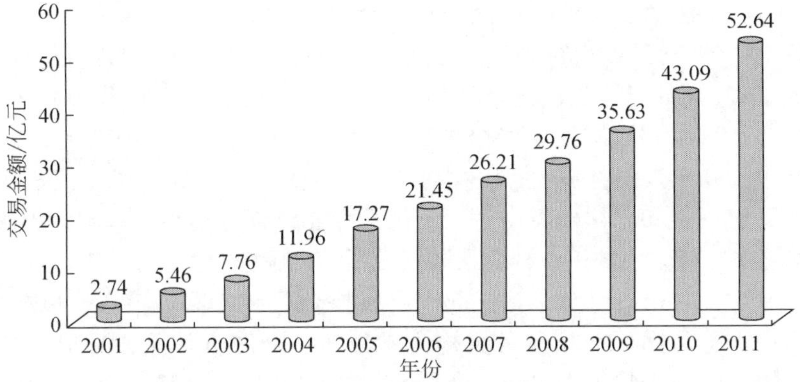

图 3-6　甘肃省技术市场合同交易额的变化趋势

资料来源：《中国统计年鉴》（2012）

规模和实力不够强，创业企业数量也比较少，与其他省市相比差距较大。

3. 专利代理机构

2011 年，甘肃省专利代理机构共代理专利申请 2628 件，占全省专利申请量的 49.7%，同比增长 37.6%。但专利申请代理量占全省申请量的比例较上年有所下降，且低于全国 64.6% 的平均水平。目前，甘肃省共有 3 家专利代理机构，分别是兰州中科华西专利代理有限公司、甘肃省知识产权事务中心和兰州振华专利代理有限责任公司。其中，2011 年甘肃省代理机构的专利申请代理量为 1382 件，占 52.6%，与 2007 年（966 件）相比增长 43.06%。兰州振华专利代理有限公司代理 471 件，占申请代理量的 17.9%；兰州中科华西专利代理有限公司代理 775 件，占申请代理量的 29.5%，3 家代理机构的代理量均达到历史最高水平。2011 年，这 3 家代理机构的授权量为 1498 件，占全省专利授权量的 62.86%，各代理机构专利授权状况如表 3-8 所示。总体来说，甘肃省专利代理机构数量少、人员队伍相对较薄弱。

表 3-8　2011 年甘肃省代理机构专利授权统计表　　（单位：件）

代理机构	专利类型			申请人类型		合计
	发明	实用新型	外观设计	职务	非职务	
甘肃省知识产权事务中心	137	541	97	562	213	775
兰州中科华西专利代理有限公司	148	249	16	283	130	413
兰州振华专利代理有限公司	121	148	41	243	67	310
合计	406	938	154	1088	410	1498

资料来源：甘肃省知识产权局. 2011. 甘肃省专利统计分析报告

4. 生产力促进中心

“十一五”时期以来，甘肃省生产力促进中心规模逐步扩大，截至 2012 年，由 19 家增加到 81 家，从业人员由 353 人增加到 1334 人，服务企业数量由 1016 家增加到 10 797 家，69% 的生产力促进中心加入了甘肃省生产力促进业务联盟，初步形成了省、市、县三级良性互动，区县中心广泛覆盖，示范中心辐射带动，行业中心与区域中心协调发展的全省生产力促进中心体系。2012 年，庆阳市生产力促进中心和秦安县生产力促进中心被认定为国家示范生产力促进中心。但基于地区历史积累和以往建设的原因，仍然存在总体规模小、基础设施配套建设不足、高层次专业人才缺乏、社会认同程度不高、服务能力和水平较低等问题。

综上所述，甘肃省已基本建立起了以科技企业孵化器为核心，以技术市场、生产力促进中心和知识产权服务机构为支撑的中介服务体系，形成了科技中介的基本架构。但由于甘肃省科技中介服务机构发育时间不长，尚处于成长阶段，科技中介机构的整体服务水平、体系化程度还不能满足科技、经济发展的要求，仍存在体系不健全、区域发展不平衡、管理体制和运行机制相对落后、从业人员素质偏低等问题。

（四）政府

政府在当代科技创新中的角色定位：首先，政府是公共管理者；其次，在某些关键或基础领域，政府应该是科研活动的主要投资者；最后，政府还是科技创新产品的消费者。甘肃省属于典型的欠发达地区，地方政府在区域创新体系构建中发挥着关键的作用，成为推动区域创新的主导力量。近年来，它在科技创新体系中起到以下几方面的作用。

1. 编制科技创新战略规划

创新体系建设需要有明确的创新发展战略，规范创新体系建设的时间、步骤、任务与目标等，切实可行的科技创新战略规划有利于提高创新体系运作的效率。甘肃省在以科技厅为主的有关政府部门的共同努力下，先后制定和实施了《甘肃中长期科学和技术发展规划纲要（2006—2020）》《甘肃省“十一五”科学技术创新和发展规划》《甘肃省“十一五”高技术产业发展规划》《甘肃省河西走廊星火产业带建设规划》《2005—2010 年甘肃省科技基础条件平台建设纲要》等，落实了《中共中央、国务院关于加强技术创新，发展高科技，实现产业化的决定》和国务院《农业科技发展纲要（2001—2010 年）》等中央有关科技创新的决议与政策，提出了今后甘肃省高新技术产业的重点发展领域和目标，先后出台了中共甘肃省委、甘肃省人民政府《关于促进科技与经济结合发展高新技术产业的决定》《甘肃省科学技术进步条例》《甘肃省技术市场管理条例》等多部政府规章，加快了甘肃省科技体制和机制创新，有计划、有步骤地推动了甘肃省区域创新体系的建立与发展。

2. 保障科技创新法治环境

我国已经制定了《科技技术进步法》（2007 年 12 月修订，2008 年 7 月 1 日生效)，以及《促进科技成果转化法》《商标法》《著作权法》《专利法》等许多促进科技创新活动的法律法规，为区域创新体系的建立提供了坚实的制度保障。依据这些法律法规，甘肃省高级人民法院于2009年受理了甘肃省兰洁药用制瓶有限公司诉甘肃省知识产权局专利侵权纠纷行政处理决定案、甘肃酒泉汉武酒业有限责任公司诉张掖千源酒业有限责任公司侵犯商标专用权纠纷案等众多的侵权案，鼓励科技创新，打击违法侵权行为，加强科技执法队伍建设，提升了公民科技法制观念，保障了企业的正当权益，为企业科技创新提供了正确的导向。

3. 支持技术创新重点项目、引导区域创新活动

甘肃省通过财政直接拨款、争取国债资金等方式，组织科技攻关，支持大批省内重点科技创新项目，解决省内迫切需要而企业又无力单独攻关的重大技术难题。自“十一五”时期以来，甘肃省共组织实施国家及省级科技计划项目4634项，投入政府财政科技经费15.88亿元，参加各类科技计划项目的科研人员总计5.66万人次，计划项目重点支持了现代农业、生态环境、生物医药、新材料、先进制造、能源等领域，取得了一大批先进成果，加快了重点特色产业发展，提高了研发能力和水平。

2009年，国家批准建立国家中药现代化科技产业（甘肃）基地、兰州石化新材料产业基地、国家火炬计划白银有色金属材料及制品产业基地等创新基地，启动建立甘肃省河西绿洲现代化农业试验示范基地，这些都离不开政府强有力的推动。2008年，政府为认定的109家高新技术企业免征企业所得税8000多万元，鼓励企业持续提高科技创新能力，对企业的发展起着重大的推动作用。

4. 建立公共平台和发展基础设施

“十一五”以来，甘肃省加大科技投入和基础条件建设力度，建立了大型科学仪器协作共用研究开发平台、科技图书文献资源信息平台、科技管理信息平台、科技成果转化平台、科研网络环境平台等。

甘肃省各级政府在科技创新方面发挥了一定的主导作用，但效果尚不明显。一方面，主导作用力度不够；另一方面尚未充分发挥市场对创新资源的基础性配置作用，政府的越位和缺位并存。此外，一些政府部门热衷于抓项目，还没有把主要力量投入到营造环境、完善机制、提高能力上来。

二 创新资源要素现状

创新活动实质上是创新主体对创新资源进行合理配置，实现创新产出最大化的过程。可以说，创新资源是创新主体进行创新活动的根本基础，它包括知识与信息、科技活动人员、资金等要素。

（一）知识与信息

1. 专利总量少

甘肃省专利申请量和专利授权量基本呈增长态势（图 3-7）。2011 年，全省专利申请量、授权量分别是 2004 年的 5. 81 倍、4. 64 倍。2011 年，申请的发明专利、实用新型专利、外观设计专利占专利申请总数的 39. 81%、46. 17%、14. 02%；2011 年授权的发明专利、实用新型专利、外观设计专利占申请专利总数的 23. 16%、64. 46%、12. 38%。

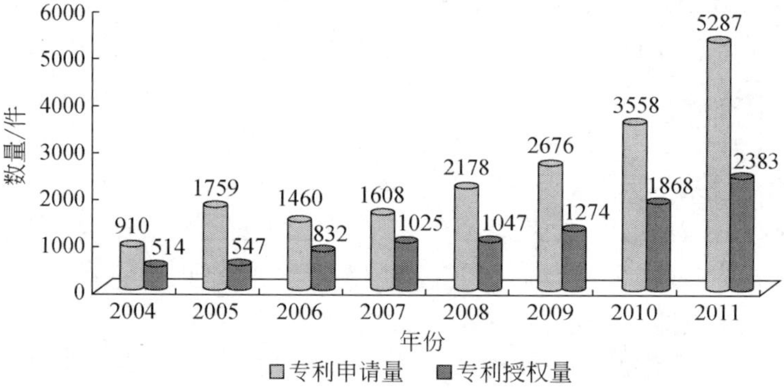

图 3-7　甘肃省专利产出年度变化情况

资料来源：《中国统计年鉴》（2005—2012）

虽然甘肃省专利申请量增长速度快，社会的专利意识不断增强，但是专利总量占全国的比例仍然非常低。2011 年，甘肃省申请专利 5287 件，仅占国内专利申请量的 0. 35%；累计授权 9490 件，仅占国内专利授权量的 0. 27%；甘肃省专利授权总量占总申请量的 45. 07%，而国内该比例达到 58. 74%，授权量低于全国平均水平（表 3-9）。2011 年，甘肃省万人就业人员专利申请量为 2. 48 件，全国排名第 23 位，比上年上升 3 位，仅高于贵州、云南、青海、宁夏、西藏（表 3-10）。

表 3-9　2011 年甘肃省专利申请与授权量与全国比较　（单位：件）

地区	三种专利申请受理				三种专利申请授权			
	合计	发明	实用新型	外观设计	合计	发明	实用新型	外观设计
甘肃	5 287	2 105	2 441	741	2 383	552	1 536	295
全国	1 504 670	415 829	581 303	507 538	883 861	112 347	405 086	366 428
东部	1 116 488	301 817	408 207	406 464	673 008	78 694	290 333	303 981
中部	208 728	54 711	96 917	57 100	114 719	15 202	64 011	35 506
西部	153 545	46 987	65 637	40 921	76 200	11 928	40 416	23 856

资料来源：《中国科技统计年鉴》（2012）

表 3-10　2004～2011 年西部十省（自治区、直辖市）专利申请与授权量

地区	申请量/件	授权量/件	授权量/申请量/%	2011 年万人就业人员专利申请量/件
重庆	101 287	56 702	55.98	11.94
四川	197 447	120 268	60.91	8.05
贵州	28 562	15 010	52.55	1.84
云南	32 398	19 387	59.84	2.01
西藏	1 320	867	65.68	0.93
陕西	104 243	42 000	40.29	11.76
甘肃	19 436	9 490	48.83	2.48
青海	3 316	1 866	56.27	2.05
宁夏	6 606	4 303	65.14	2.27
新疆	17 149	12 997	75.79	4.18

资料来源：《中国统计年鉴》（2005—2012）

2. 科技成果数量较低

2003～2011 年，甘肃省科技成果登记数占全国科技成果登记数的比例从 1.79% 上升到 2.51%，甘肃省科技成果登记数从 547 项增长到 1108 项；2003～2011 年，甘肃省获得的国家科技奖普遍较少，2011 年仅占全国科学技术进步奖的 1.3%（表 3-11）。与全国相比，甘肃省科技成果总数较低，创新知识资源在全国不具有竞争力，很难支撑甘肃省的技术创新活动。

表 3-11　甘肃省科技成果与全国的比较

年份	科技成果登记数			获国家科技奖		
	甘肃/项	全国/项	占全国的比重/%	甘肃/项	全国/项	占全国的比重/%
2003	547	30 486	1.79	1	260	0.38
2004	616	31 720	1.94	6	305	1.97
2005	634	32 359	1.96	3	321	0.93
2006	704	33 644	2.09	7	329	2.13
2007	748	34 170	2.19	5	352	1.42
2008	788	35 971	2.19	11	348	3.16
2009	857	38 688	2.22	11	374	2.94
2010	1065	42 108	2.53	6	356	1.69
2011	1108	44 208	2.51	5	384	1.30

资料来源：《中国科技统计年鉴》（2004—2012）、《甘肃年鉴》（2004—2012）

3. 信息化建设取得了一定成绩

电信网规模增大，发展较快。2009 年，电信网不仅完成了由人工网向自动

网的过渡，而且基本实现了由模拟网向数字网的转变；广播电视网传输功能强，覆盖面大。目前，甘肃省已经建成有线、无线、光缆、微波和卫星等多种传输方式相结合的全省广播电视网。计算机网络逐渐增多，互通互联已成趋势；国家确定的中国公用计算机互联网、中国科学技术网、中国教育科研网、中国金桥信息网均已开通，甘肃经济信息网、甘肃科技信息网、甘肃统计信息网等已建成并正常使用，60 多个行业与国家专用网基本连通，金融、海关、民航、铁路等行业实现了多级联网，部分经济综合管理部门和大中型企事业单位建立了局域网和内联网，大批企事业单位利用国际互联网发布信息，获得了较好的经济效益和社会效益；信息产业有了较好的发展，并粗具规模，信息服务业内部呈多元化发展格局；信息资源开发利用形式多样，内容广泛。

（二）科技活动人员

1. 专业技术人员缓慢增长，科技活动人员波动减少

甘肃省专业技术人员呈持续增长趋势，但增幅不大（图 3-8）。2000 ~ 2011 年，甘肃省专业技术人员年均增长率为 2.31%。其中，2011 年专业技术人员总量达到 52.69 万人，比 2000 年增长 30.29%。

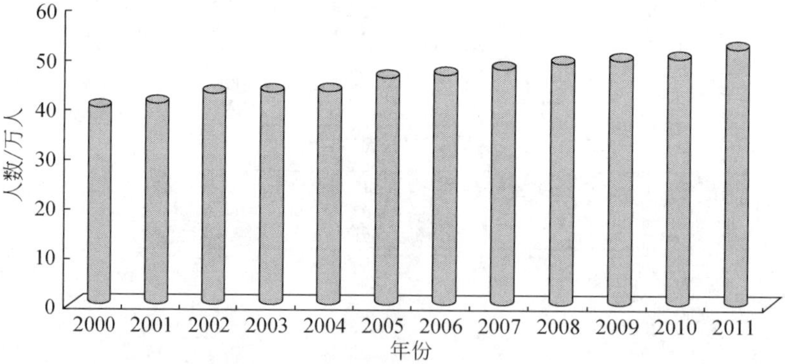

图 3-8 甘肃省企事业单位专业技术人员变化趋势

资料来源：《甘肃年鉴》（2002—2010）

2. 科技活动人员占全国的比例逐年降低

2001 ~ 2008 年，甘肃省科技活动人员、科学家和工程师占全国的比例分别由 2.24%、2.09% 降低为 1.13%、1.14%（表 3-12）。2008 年，甘肃省从事科技活动的人员达到 5.62 万人，科学家和工程师达到 3.93 万人，分别比 2001 年降低 20.28%、9.23%。2011 年，甘肃省 R&D 人员仅占全国的 0.79%，其中，博、硕士及本科毕业的 R&D 人员在全国占比不到 1%。

表 3-12　甘肃省科技活动人员占全国的比重

年份	甘肃		全国		甘肃省占全国的比重/%	
	科技活动人员/万人	科学家、工程师/万人	科技活动人员/万人	科学家、工程师/万人	科技活动人员	科学家、工程师
2001	7.05	4.33	314.1	207.2	2.24	2.09
2002	6.95	4.82	322.2	217.2	2.16	2.23
2003	5.98	4.28	328.4	225.5	1.82	1.90
2004	5.79	4.01	348.1	225.2	1.68	1.78
2005	5.04	3.42	381.5	256.1	1.32	1.34
2006	5.68	3.90	431.2	279.8	1.37	1.39
2007	5.27	3.58	454.4	312.9	1.16	1.14
2008	5.62	3.93	496.75	343.5	1.13	1.14
2009	2.95	1.63	318.37	155.65	0.93	1.05
2010	3.13	1.91	354.22	178.82	0.88	1.07
2011	3.18	2.04	401.76	207.73	0.79	0.98

资料来源：《中国科技统计年鉴》（2000—2012）

注：由于从 2010 年开始，《中国科技统计年鉴》将各地区“科技活动人员”和“科学家和工程师”指标取消统计，新增“R&D 人员”和“博士毕业、硕士毕业、本科毕业人员”，表 3-12 中，2008 年以后的数据均以新增指标代之

（三）资金

科技经费投入总体水平不高，经费投入增长相对缓慢。2008 年，甘肃省人均科技经费筹集额为 298.81 元，人均 R&D 经费内部支出为 123.66 元，而全国为 687.02 元、347.58 元，分别比甘肃省高 229.92%、281.07%。甘肃省 R&D 经费占 GDP 的比重、R&D 经费占科技活动经费筹集总额的比重分别为 1.02%、41.39%，而同期全国该比例分别为 1.54%、50.59%，比甘肃省高 0.52%、9.20%。2001 ~2008 年，甘肃省全社会科技经费筹集额呈上升趋势，2008 年全社会科技经费筹集额、R&D 经费内部支出、甘肃省 R&D 占 GDP 的比重分别比 2001 年增加 347.6%、387.8%、130.7%，而同期全国分别增长 352.3%、368.0%、442.8%；2011 年，甘肃省 R&D 经费占 GDP 的比重比 2001 年提高 0.19%，增幅不大（表 3-13）。

表 3-13　甘肃省全社会科技经费投入情况

年份	2001	2002	2003	2004	2005	2006	2007	2008	2009	2010	2011
科技经费筹集额/亿元	22.59	25.08	28.79	35.87	44.36	57.51	72.17	78.35	—	—	—
R&D 经费内部支出/亿元	8.38	10.96	12.77	14.3	19.49	23.86	25.6	32.5	37.26	41.58	48.53

续表

年份	2001	2002	2003	2004	2005	2006	2007	2008	2009	2010	2011
R&D 占 GDP 比重/%	0.78	0.94	0.98	0.92	1.01	1.05	0.95	1.02	1.10	1.01	0.97
R&D 占科技活动经费筹集总额比重/%	37.1	43.7	44.36	39.87	43.94	41.49	35.47	41.39	—	—	—

资料来源：《中国统计年鉴》(2002—2012)、《甘肃年鉴》(2002—2012)

三 创新环境要素现状

区域创新环境是区域创新体系的重要组成部分，是区域创新体系能够有效运行的根本保障。区域创新环境主要由内部创新环境和外部创新环境两大部分组成。内部创新环境包括创新硬环境（如基础设施、综合经济实力、自然资源、生态环境等）和创新软环境（如制度、政策、法规、信用和社会文化等）两部分；外部创新环境包括通达性条件（如交通、通信等的通达性和是否存在地区封锁等）和区域之间的联系与合作（包括国际间的联系与合作）等。

（一）经济发展环境

通常可以用城市化率、亿元资产新增 GDP、综合能耗产出率等指标来反映甘肃省科技创新的经济发展环境。

甘肃省科技创新的经济发展环境明显低于全国平均水平。2011 年，甘肃省经济发展环境与全国比较，城市化率比全国低 14.12%，人均 GDP 和综合能耗产出仅相当于全国平均水平的 55.70%、59.74%（表 3-14）。

表 3-14　2011 年甘肃省经济发展水平与全国的比较

地区	城市化率/%	人均 GDP/元	综合能耗产出/（元/千克标准煤）
甘肃	37.15	19595	5.55
全国	51.27	35181	9.29
占全国的百分比/%	72.46	55.69	59.74

资料来源：《2012 全国科技进步统计监测报告》、《中国统计年鉴》(2012)

（二）基础设施环境

通常可以用每万人平均公路拥有量，平均每百人图书、杂志、报刊出版数，互联网普及率，电话普及率，人均邮电业务量，每百万人拥有公共图书馆个数、文化馆及博物馆数等指标来反映甘肃省科技创新的基础设施环境。

由表 3-15 可以看出，甘肃省科技创新基础设施环境不足，平均每百人图书、杂志、报刊出版数，互联网普及率，电话普及率，人均邮电业务量都低于全国平均水平，分别相当于全国的59.16%、71.54%、82.86%、67.90%。

表3-15　甘肃省创新基础设施环境与全国的比较（2011年）

基础设施环境	甘肃	全国	差距
每万人平均公路拥有量/公里	51.75	30.48	-21.27
平均每百人图书、杂志、报刊出版数/份	2535.10	4285.45	1750.35
互联网普及率/%	27.4	38.3	10.90
电话普及率/(部/百人)	78.56	94.81	16.25
人均邮电业务量/元	671.96	989.61	317.65
每百万人拥有公共图书馆个数/个	3.90	2.19	-1.71

资料来源：《中国统计年鉴》(2012)

（三）科技软环境

科学技术普及程度、科普经费较低。甘肃省科普机构逐渐完善，基层科普组织已全面建设，科普培训和宣传体系基本形成网络，甘肃省第十一届人大常委会第十七次会议表决通过了《甘肃省科学技术普及条例》，自2011年1月1日起正式施行。2011年，甘肃省年度科普经费筹集额为3358万元，人均科普经费1.31元，全国人均科普经费7.39元。与全国比较，甘肃省科普活动仍存在一定差距，甘肃省人均科普经费仅相当于全国的17.73%，在西部省份也是最低的，新疆、宁夏、青海、陕西分别为5.97元、7.64元、20.36元、4.78元，而云南则达到6.01元，北京最高为101.12元。

（四）劳动者素质

1. 人口受教育年限较低

2011年，甘肃省6岁及以上人口受教育年限为8.25年，在西北地区仅高于宁夏，而同期全国人口的平均受教育年限为8.90年，北京市为11.57年，上海市为10.51年。甘肃省人口受教育年限与东部地区存在很大差距，主要原因在于接受高层次教育人口比例过低和初中及以下学历人口比例过大，甘肃省接受高等教育的人口仅占8.84%，比全国平均水平还要低1.22%（表3-16）。

表3-16　甘肃省6岁及以上人口受教育状况与其他地区的比较（2011年）

地区	小学及以下/%	初中/%	高中/%	高等教育/%	人均受教育年限/年
甘肃	43.48	33.11	14.58	8.84	8.25
全国	33.07	41.41	15.46	10.06	8.90
北京	12.42	31.54	22.10	33.94	11.57

续表

地区	小学及以下/%	初中/%	高中/%	高等教育/%	人均受教育年限/年
上海	16.38	40.71	21.73	21.18	10.51
陕西	30.23	43.07	16.54	10.16	9.01
宁夏	50.13	28.31	12.44	9.09	7.90
青海	38.69	38.75	13.58	8.96	8.47
新疆	33.87	37.32	14.66	14.15	9.22

资料来源：《中国统计年鉴》(2012)

2. 文盲人口数量依然很大

2011 年，全国 15 岁及以上的文盲、半文盲人口为 5867.76 万人，占 15 岁及以上人口的 5.21%。同期，甘肃省 15 岁及以上的文盲人口为 209.18 万人，占 15 岁及以上人口的 9.76%，文盲率达 10%，相当于 10 个人中就有 1 个人是文盲，文盲率比全国高 4.55%（表 3-17）。这表明，甘肃省的教育发展和人力资源开发与全国相比仍存在很大差距，严重制约着甘肃省的发展。

表 3-17　甘肃省 15 岁及以上文盲半文盲人口及与其他地区的比较（2011 年）

地区	15 岁及以上人口/万人	文盲半文盲人口/万人	文盲半文盲占 15 岁及以上人口的比重/%
甘肃	2 142.47	209.18	9.76
全国	112 543.41	5 867.76	5.21
北京	1 851.41	32.00	1.73
上海	2 164.00	52.00	2.40
陕西	3 196.71	165.88	5.19
宁夏	453.65	48.12	10.61
青海	508.24	42.59	8.38
新疆	1 777.29	63.65	3.58

资料来源：《中国统计年鉴》(2012)

3. 教育支出在居民总支出中的比重降低

甘肃省经济稳步发展，人民群众的生活水平不断提高，农村居民恩格尔系数由 2001 年的 46.11% 下降为 2011 年的 42.24%，降低了 3.87%，城镇居民的恩格尔系数在波动中下降，由 2008 年的 38.32% 下降为 2011 年的 37.38%（图 3-9）。人民生活水平提高，加之国家近几年的减免学杂费及教育补助，越来越多的家庭减少了教育投入，2011 年城镇居民的教育投入占消费总支出的 4.00%，比 2001 年降低了 3.53%，文教娱乐支出分别占城乡居民总支出的 10.35%、18.91%，分别比 2001 年降低 3.06% 和 11.44%。2009 年，农村居民教育投入占消费总支出的 12.98%，比 2001 年降低了 12.03%。

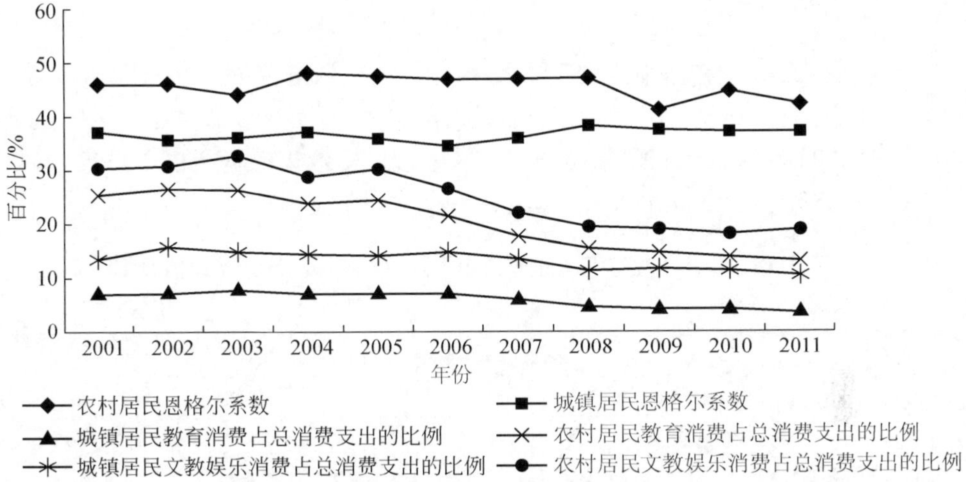

图 3-9　甘肃省城镇、农村居民恩格尔系数与文教娱乐消费比例变化趋势

资料来源：《甘肃年鉴》（2002—2012）

4. 教育总体投入水平低下

2010 年，甘肃省教育经费总量达 310. 67 亿元，占 GDP 的 7. 54%，与 10 年前相比，有了较大的进步，教育经费总量占 GDP 的比重比全国高 2. 67%。但是，人均教育经费与全国相比，仍然很低，仅为 1213. 57 元，比全国低 16. 81%，仅相当于北京市、上海市的 38. 81%、60. 18%。在西北五省，甘肃省人均教育经费也是最低的（图 3-10）。

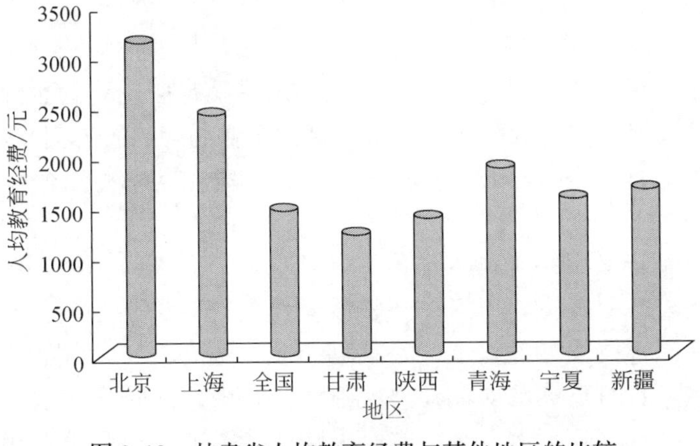

图 3-10　甘肃省人均教育经费与其他地区的比较

资料来源：《中国统计年鉴》（2012）

（五）金融环境

与全国相比，甘肃省科技创新融资不畅，融资渠道单一。2005～2008 年甘肃省大中型企业科技活动经费筹集情况如表 3-18 所示，甘肃省大中型企业自 2005 年到 2008 年科技经费筹集总额中，从金融机构筹集的资金仅占筹集总额的 0.90%、1.58%、1.14%和 0.38%。

表 3-18　2005～2008 年甘肃省大中型企业科技活动经费筹集情况

（单位：万元）

年份	筹集总额	科技活动经费			
		政府资金	企业资金	金融机构	其他资金
2005	226 525	6 224	212 871	2 035	5 395
2006	318 718	10 184	294 940	5 050	8 544
2007	438 877	11 402	418 550	5 007	3 918
2008	471 570	14 993	452 759	1 803	2 015

资料来源：《甘肃年鉴》（2006—2009）

注：从 2009 年开始，《甘肃科技统计年鉴》取消了对大中型工业企业科技经费筹集额相关数据，表 3-18 数据到 2008 年为止

（六）制度环境

制度环境是区域创新不可或缺的支持系统，然而良好的创新制度环境还有待进一步营造。

1. 现代企业制度有待进一步完善

甘肃企业在现代企业制度的实施过程中，并没有摆脱制约企业发展的传统模式和机制的束缚，企业的发展表现出“现代企业制度+传统运作模式”的内部不协调状态，企业办社会、小马拉大车、传统理念管理现代企业等问题仍然存在。

2. 创新法制和政策环境尚不完善

科技体制改革和科技创新等许多领域还存在一些法制空白，尤其是经济立法没有充分考虑科技发展的需要，科技创新政策还存在不协调、不和谐、不全面之处。有些重要的政策层次低、力度不够。其中，财政金融政策对技术创新刺激不够，财政激励政策力度小。政府采购政策、减免税政策对企业技术创新关注不够。科技政策法律的实施缺乏应有的监督机制和法定程序。风险投资机制没有建立，缺乏适合中小企业技术创新特点的贷款政策和信用保证制度。公众对政府提出的公共政策的信誉度不高。

3. 技术转移机制建设取得一定成绩

2009 年，甘肃省科技发展促进中心和兰州理工大学高新技术成果推广转化中心，获批首批国家技术转移示范机构。2009 年，76 家国家技术转移示范机构中有 36 家机构被评为“优秀”。甘肃省科技发展促进中心进入了优秀机构行列，兰州理工大学高新技术成果推广转化中心被评为合格机构。政府科技计划资助的研发成果的转化、技术扩散和利用也促进了企业之间、企业与大学之间、科研院所之间的知识流动和技术转移。

第二节　甘肃省各市（州）创新能力评价

一 甘肃省市（州）创新能力评价指标体系

（一）指标体系设计原则

科学性原则。根据科学性原则，指标体系设计应主要反映区域创新能力的内涵要求，正确揭示区域创新能力的本质，突出科技的先导作用，反映科技促进经济社会发展的事实。在进行指标设计时尽可能以现代科技统计理论为基础，同时吸取国内外科技统计的经验，使指标体系的设计既科学合理又有地方特色。

导向性原则。指标体系的建立必须突出区域创新的导向作用，强调科技投入和成果转化，通过区域创新能力指标体系的建立，激励、引导各级政府及工业企业的科技创新紧紧围绕经济社会可持续发展、建设和谐社会而进行，提高经济增长中的科技含量，加快科技创新的步伐。

可比性原则。选择含义明确、口径一致的创新能力指标，采用合理的方法，是建立动态可比和横向可比指标体系的基础，动态可比是指各地的科技创新在时间上的动态比较及与创新目标值的比较，横向比较则是在各地之间按综合评价进行总排序和单项指标间的比较，以说明各项指标及科技发展态势的总体状况和水平。

可行性原则。选取的评价指标不仅应符合科技创新与评价的目的，更应有数据支持。也就是说，评价指标的数据应容易取得，否则，建立的指标体系只能束之高阁，无法实现监测与评价的目的，从而也就无助于指导实际工作。

（二）评价指标体系的选取

区域创新能力评价是一项复杂的系统工程，应围绕“创新型甘肃”的战略目标，多层次、全方位设置指标体系，借鉴国家和其他省（自治区、直辖市）

经验，结合甘肃省实际，从“区域创新能力环境、科技活动投入、科技活动产出、高新技术产业化和科技促进经济社会发展”五大方面来全面设置指标体系的内容。

第一，区域创新能力离不开良好的外部环境和必要的物质条件，它包括：①有可能有条件从事科学研究与技术开发的人力资源；②科技物质条件，包括科研仪器设备的购置及科技活动外部物资设备的支持；③科技意识，即政府、企业和社会公众对创新活动的积极性，以及对创新活动的认可和支持。

第二，区域创新能力的源泉是科技活动投入，它包括：①全社会及工业企业科技活动人力投入的水平；②全社会、工业企业、地方政府对科技活动财力支持的力度。

第三，区域创新能力最为直接的表现为科技活动产出，它包括：①科技活动产出水平，即论文、课题和实用技术的产出水平；②技术成果的市场化程度，即技术成果在国内的流动状况。

第四，区域创新能力通过科技成果的转化而形成生产力，最为突出的表现即为高新技术产业化，它包括：①高新技术产业和新产品的产出水平；②高技术的劳动生产率等效益状况。

第五，区域创新能力的最终目标是促进经济社会发展，它包括：①区域创新能力发挥与资本和流动对经济发展不同的作用，即促进经济发展方式的转变；②科技促进环境改善；③科技促进社会生活信息化水平的提高。

据此建立了科技进步环境、科技活动投入、科技活动产出、高新技术产业化和科技促进经济社会发展等 5 个一级指标、12 个二级指标和 33 个三级指标组成的监测指标体系（表 3-19）。

表 3-19　甘肃省各市（州）创新能力评价指标体系

一级指标	二级指标	三级指标	标准	备注
科技进步环境	科技人力资源	万人专业技术人员数/(人/万人)	500	参照
		万人大专以上学历人员数/(人/万人)	1000	参照
		万人科技活动人员数/(人/万人)	50	重置
	科研物质条件	每名 R&D 活动人员科研仪器设备购置费/(万元/人)	50	重置
		科研仪器设备购置费占城镇新增固定资产比重/%	20	重置
	科技意识	万名在岗职工专利申请量/(项/万人)	50	重置
		科研与综合技术服务业平均工资与在岗职工平均工资比例系数/%	200	参照
		万人吸纳技术成果金额/(万元/万人)	400	重置
		每名 R&D 人员承担省以上科技计划项目金额/(万元/人)	5	重置
		百名 R&D 人员发明专利申请量/(项/百名)	20	重置

续表

一级指标	二级指标	三级指标	标准	备注
科技活动投入	科技活动人力投入	万人 R&D 人员/(人/万人)	10	重置
		R&D 人员占 R&D 活动人员比重/%	70	重置
	科技活动财力投入	R&D 经费支出与 GDP 比例/%	4.5	重置
		地方财政科技拨款占地方财政支出比重/%	5	参照
		企业 R&D 经费支出占企业主营业务收入比重/%	6	参照
		企业技术引进和消化吸收经费支出占企业主营业务收入比重/%	1	参照
科技活动产出	科技活动产出水平	万名专业技术人员科技论文数/(篇/万人)	5000	参照
		万名专业技术人员获省部级科技成果数/(项/万人)	35	重置
		万名在岗职工发明专利拥有量/(项/万人)	25	重置
	技术成果市场化	万人技术成果成交额/(万元/万人)	380	重置
		百名 R&D 人员技术转让合同交易金额/(万元/百名)	320	重置
高新技术产业化	高新技术产业化水平	新产品销售收入占企业主营业务收入比重/%	40	参照
		高技术产业增加值占工业增加值比重/%	30	参照
		高技术产品出口额占商品出口额比重/%	40	参照
	高新技术产业化效益	高技术产业劳动生产率/(万元/人)	15	参照
		高技术产业增加值率/%	50	参照
科技促进经济社会发展	经济发展方式转变	规模以上工业企业全员劳动生产率/(万元/人)	30	重置
		全社会固定资产投资生产率/(万元/万人)	2.5	重置
		综合能耗产出率/(元/千克标准煤)	42	参照
	环境改善	环境质量指数/%	100	参照
		环境污染治理指数/%	100	参照
	社会生活信息化	万人国际互联网络用户数/(户/万人)	2500	参照
		百人固定电话和移动电话用户数/(户/百人)	67	参照

二 甘肃省各市（州）创新能力评价方法

（一）评价方法

甘肃省各市（州）创新能力评价，在充分考虑甘肃省经济、社会和科技发展水平的实际情况的基础上，运用综合评价法，对各市（州）的区域创新能力作出客观、准确、公正的评价。

综合评价法是指运用多个指标对多个参评单位进行评价的方法，也称为多变量综合评价方法。其基本思想是将多个指标转化为一个能够反映综合情况的指标来进行评价。例如，不同国家经济实力、不同地区社会发展水平、小康生活水平达标进程、企业经济效益评价等，都可以应用这种方法。

综合评价法的特点主要表现为以下几个方面。

（1）评价过程不是逐个指标顺次完成的，而是通过一些特殊方法将多个指标的评价同时完成的。

（2）在综合评价过程中，一般要根据指标的重要性进行加权处理。

（3）评价结果不再是具有具体含义的统计指标，而是以指数或分值表示参评单位“综合状况”的排序。

综合评价分析指标值的计算方法主要有打分综合法、打分排队法、综合指数法、功效系数法等。本书主要采用综合指数法，即在确定一套合理的区域创新能力评价指标体系的基础上，分别从三级指标评价、二级指标评价、一级指标评价及综合指标评价四个层次进行逐级评价，对各项指标个体指数加权平均，计算科技区域创新能力综合值，用以综合评价区域创新能力的一种方法。具体步骤是：

（1）确定综合评价指标体系，具体由5个一级指标、12个二级指标和33个三级指标组成，这是综合评价的基础和依据。

（2）收集数据，确定指标体系中33个三级指标值相应的评价标准，并对这些指标数据进行同度量处理（也称“无量纲化处理”），即使不同计量单位、性质的指标值标准化，从而得出33个三级指标的评价值及各地区排序。

（3）确定指标体系中各指标的权数，以保证评价的科学性。

（4）对经过处理后的指标在进行逐级、分别加权汇总计算出相应的5个一级和12个二级区域创新能力指标及各地区相应排序。

（5）综合评价指数的计算采用专家评价法，由专家对评价对象（即5个一级指标）进行分析和评价，确定各个指标的分值作为权数，再采用加权评分法求出评价对象的总分值，从而得到综合区域创新能力指数及各地区排序。

（二）计算方法

1. 三级指标

将33个三级指标的实际值除以相应的评价标准，得到三级指标的评价值，即为三级指标相应的指数，该计算过程为同度量处理，计算方法为

$$d_{ijk} = \frac{x_{ijk}}{x_{..k}} \times 100\%$$

式中，x_{ijk}为第i个一级指标下、第j个二级指标下的第k个三级指标；$x_{..k}$为第k

个三级指标相应的标准值；当 $d_{ijk} \geqslant 100$ 时，取 100 为其上限值。

2. 二级指标

二级指标评价值（二级指数）$d_{ij.}$ 由三级指标评价值加权综合而成，即

$$d_{ij.} = \sum_{k=1}^{n_j} w_{ijk} d_{ijk}$$

式中，w_{ijk}为各三级指标评价值相应的权数；n_j为第 j 个二级指标下设的三级指标的个数。

通过分析三级指标值与目标期望值，采用等权重作为二级指标下各三级指标评价值相应的权数，即该指数中的组成成员所占比重一样。例如，二级指标“科技意识”是由 5 个三级指标组成的，按等权重计算这 5 个三级指标的权数均为 20%，即这 5 个三级指标对甘肃省“科技意识”的贡献大小相同。

3. 一级指标

一级指标评价值（一级指数）$d_{i.}$ 由二级指标评价值加权综合而成，即

$$d_{i.} = \sum_{i=1}^{n_i} w_{ij.} d_{ij.}$$

式中，$w_{ij.}$ 为各二级指标评价值相应的权数；n_i为第 i 个一级指标下设的二级指标的个数。对于 $w_{ij.}$ 的选取，采用等权重作为一级指标下各二级指标的权数，即该指数中的组成成员所占比重一样。例如，一级指标“科技活动投入”是由 2 个二级指标组成的，按等权重计算这两个二级指标的权数均为 50%，即这 2 个二级指标对甘肃省“科技活动投入”的贡献大小相同。

4. 区域综合创新能力指数

总评价值（总指数）由一级指标加权综合而成，即

$$d = \sum_{i=1}^{n} w_{i.} d_{i.}$$

$$w_i = \frac{\sum_{i=1}^{n} a_i b_i}{\sum_{i=1}^{n} b_i}$$

式中，$w_{i.}$ 为各一级指标评价值相应的权数（专家赋权）；a_i 是各专家赋予权重值；b_i 是参与专家数量；n 为一级指标个数。

（三）资料来源

资料来源于《甘肃科技统计年鉴》和《甘肃发展年鉴》2011 年度的数据。

三 甘肃省各市（州）创新能力评价结果

（一）一级指标评价

1. 科技进步环境评价

在科技进步环境指数的排序中，兰州市、金昌市、酒泉市、嘉峪关市排在前4位，高于全省平均水平（40.49%），如图3-11，图3-12所示。

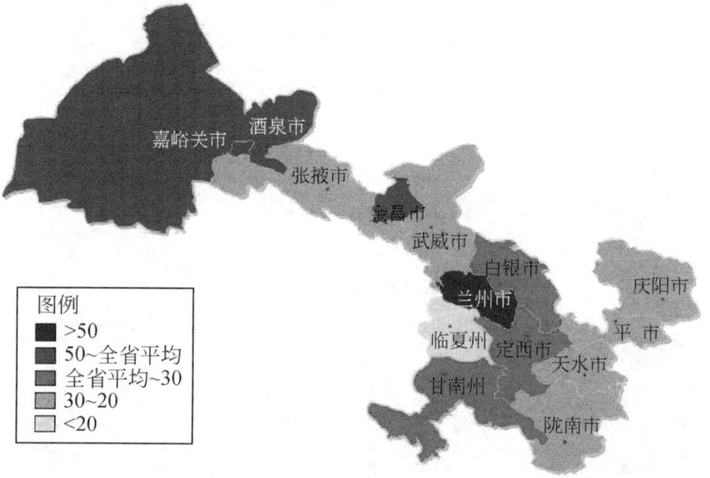

图3-11 科技进步环境各市（州）分类图

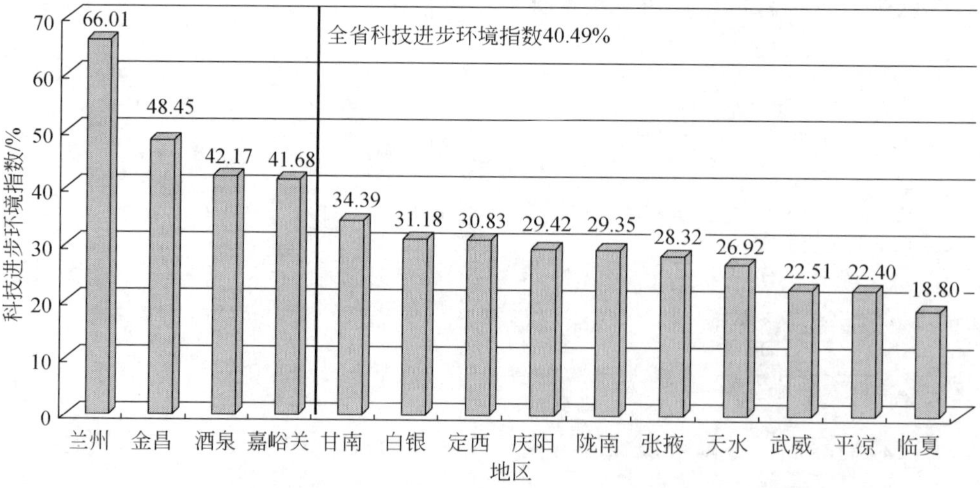

图3-12 各市（州）科技进步环境指数排序图

2. 科技活动投入评价

在科技活动投入指数的排序中，金昌市、嘉峪关市、兰州市排在前 3 位，高于全省平均水平（53.94%），如图 3-13，图 3-14 所示。

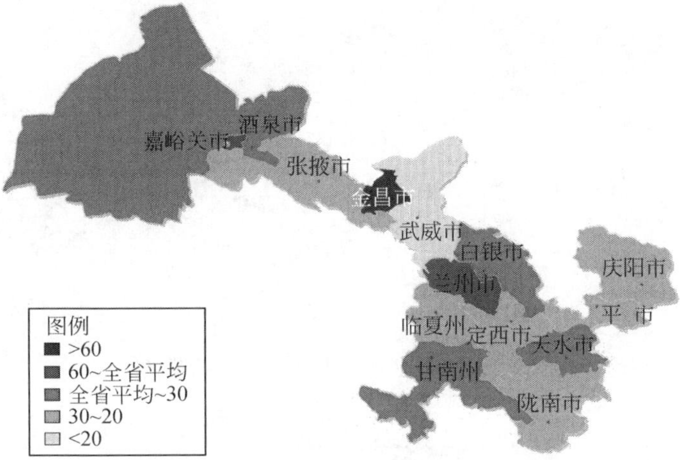

图 3-13　科技活动投入各市（州）分类图

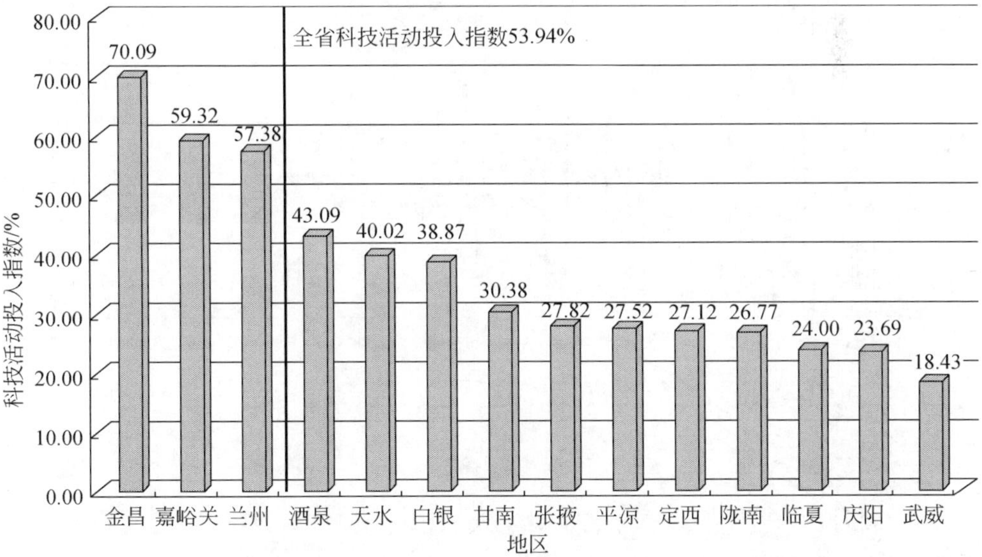

图 3-14　各市（州）科技活动投入指数排序图

3. 科技活动产出评价

在科技活动产出指数的排序中，兰州市、金昌市、天水市、平凉市排在前 4 位，高于全省平均水平（31.01%），如图 3-15，图 3-16 所示。

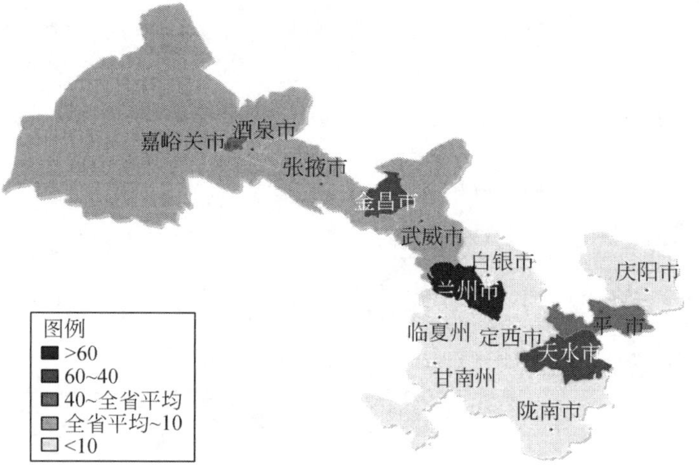

图 3-15　科技活动产出各市（州）分类图

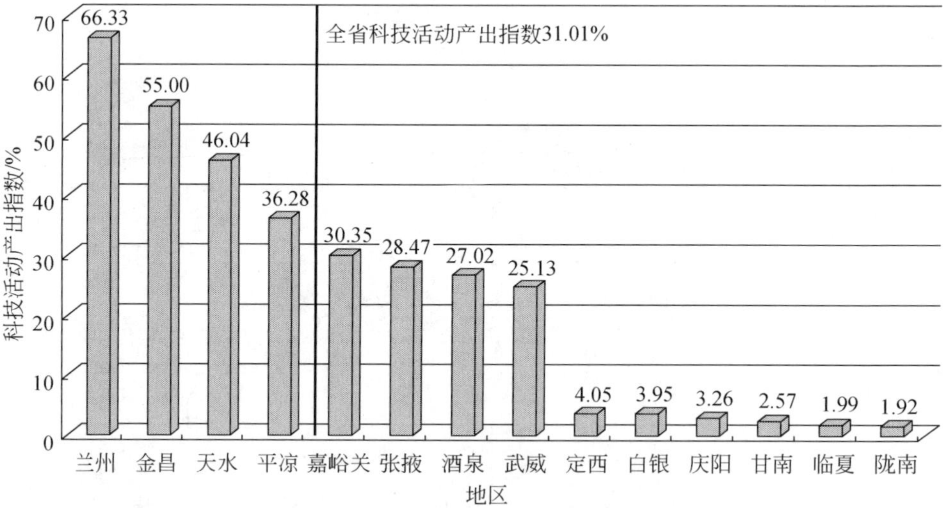

图 3-16　各市（州）科技活动产出指数排序图

4. 高新技术产业化评价

在高新技术产业化指数的排序中，天水市、定西市排在前 2 位，高于全省平均水平（45.68%），如图 3-17，图 3-18 所示。

5. 科技促进经济社会发展评价

在科技促进经济社会发展指数的排序中，嘉峪关市、金昌市、兰州市、张掖市排在前 4 位，高于全省平均水平（62.59%），如图 3-19，图 3-20 所示。

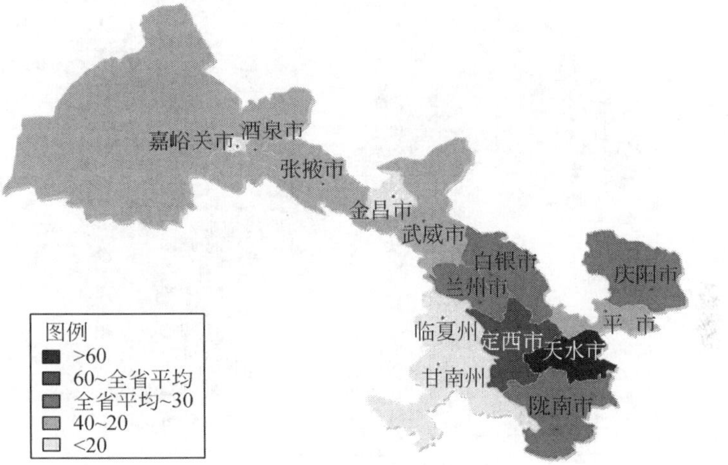

图 3-17　高新技术产业化各市（州）分类图

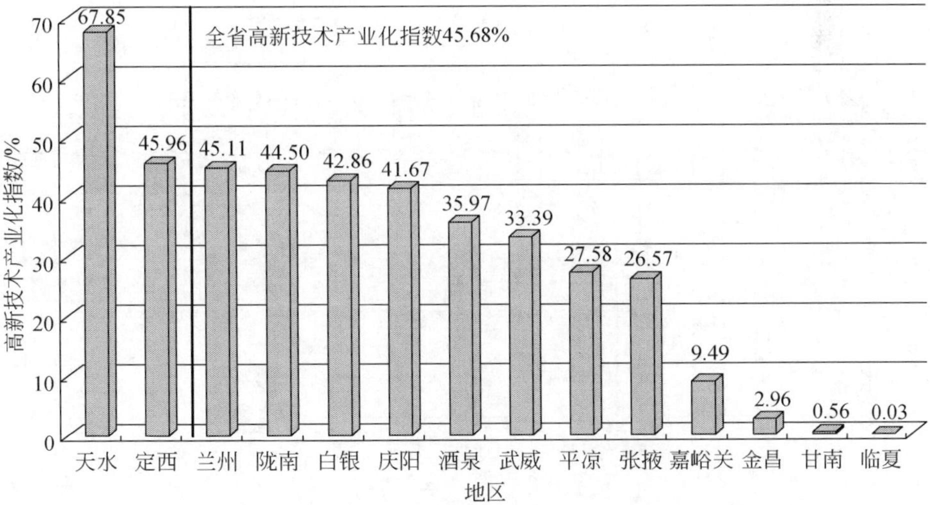

图 3-18　各市（州）高新技术产业化指数排序图

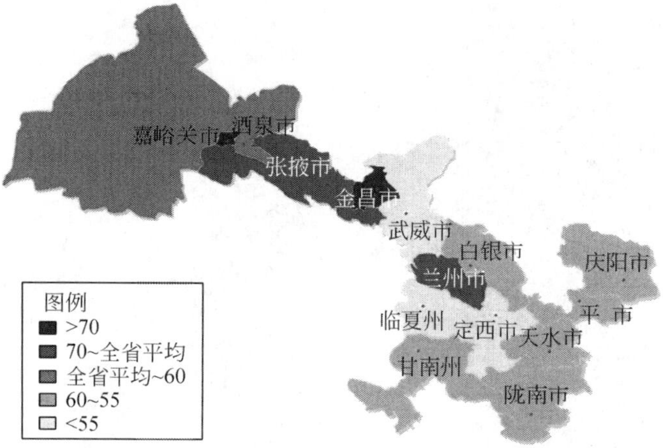

图 3-19 科技促进经济社会发展各市（州）分类图

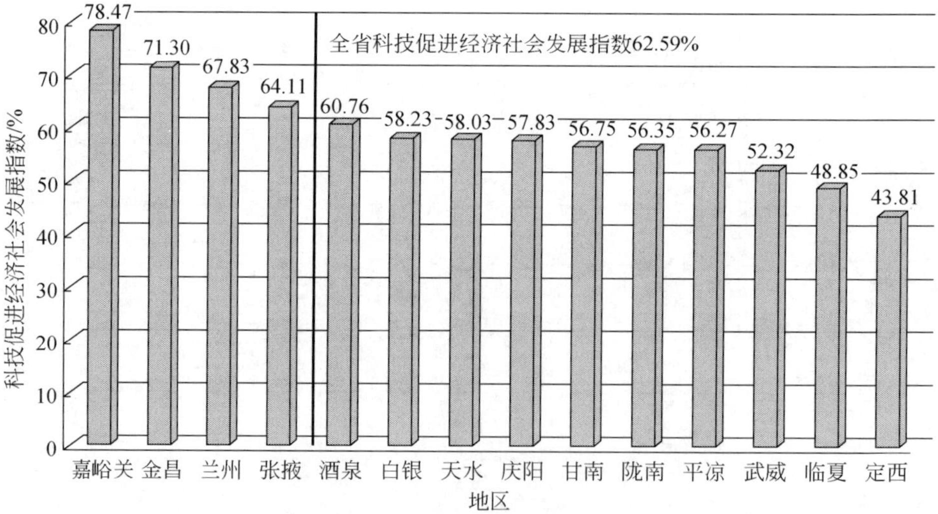

图 3-20 各市（州）科技促进经济社会发展指数排序图

（二）二级指标评价

1. 科技人力资源评价

从科技人力资源指数看，嘉峪关、金昌、兰州、酒泉4市高于全省平均水平（54.90%），如图3-21所示。

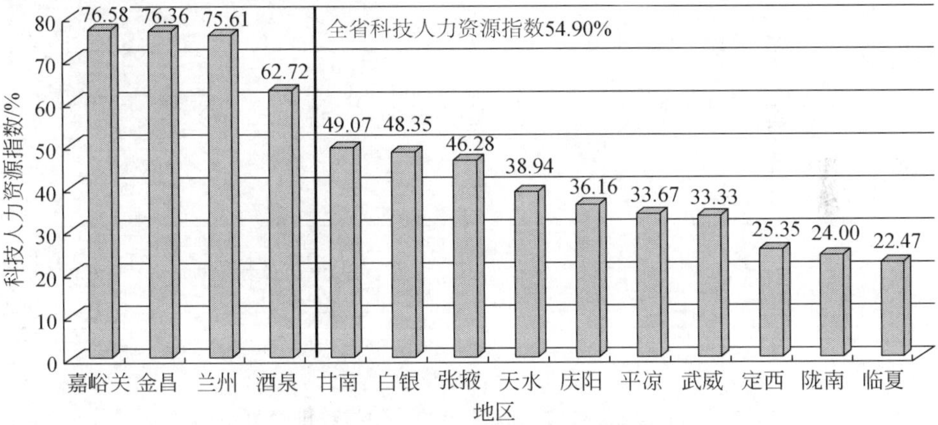

图3-21　各市（州）科技人力资源指数排序图

2. 科研物质条件评价

从科研物质条件指数看，兰州、定西、酒泉3市高于全省平均水平（17.59%），如图3-22所示。

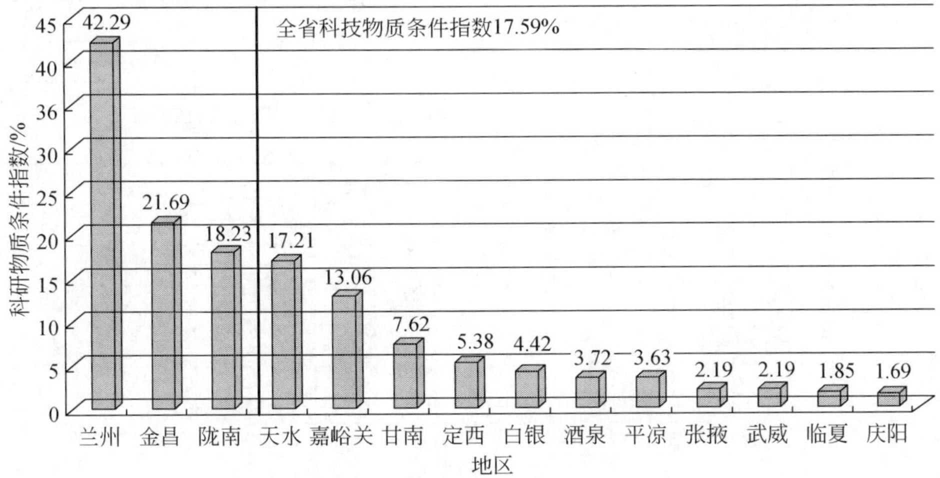

图3-22　各市（州）科研物质条件指数排序图

3. 科技意识评价

从科技意识指数看，兰州、定西、酒泉、庆阳 4 市高于全省平均水平（48.98%），如图 3-23 所示。

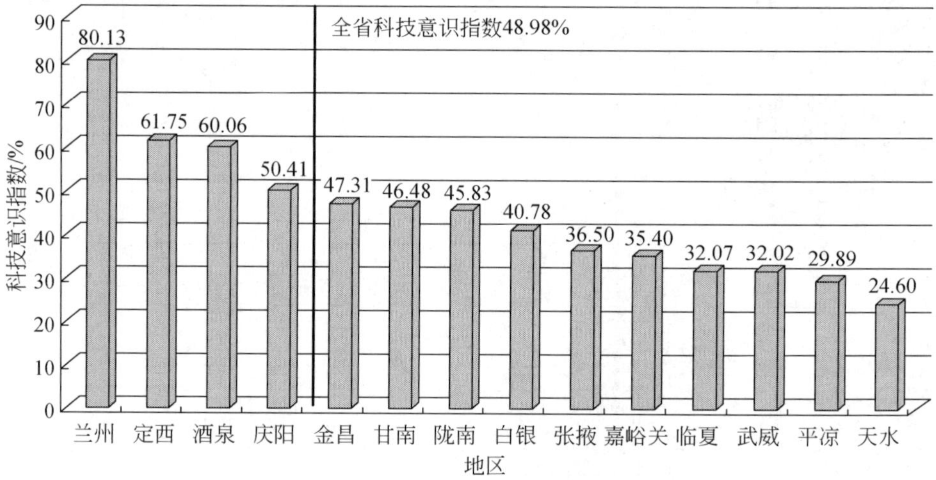

图 3-23　各市（州）科技意识指数排序图

4. 科技活动人力投入评价

从科技活动人力投入指数看，金昌、兰州、嘉峪关 3 市高于全省平均水平（80.61%），如图 3-24 所示。

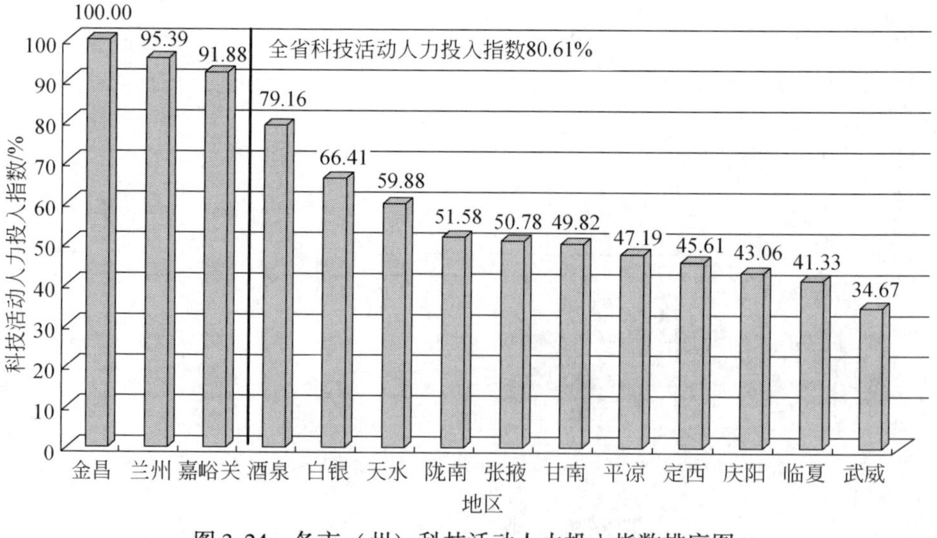

图 3-24　各市（州）科技活动人力投入指数排序图

5. 科技活动财力投入评价

从科技活动财力投入指数看，金昌市高于全省平均水平（27.26%），如图3-25所示。

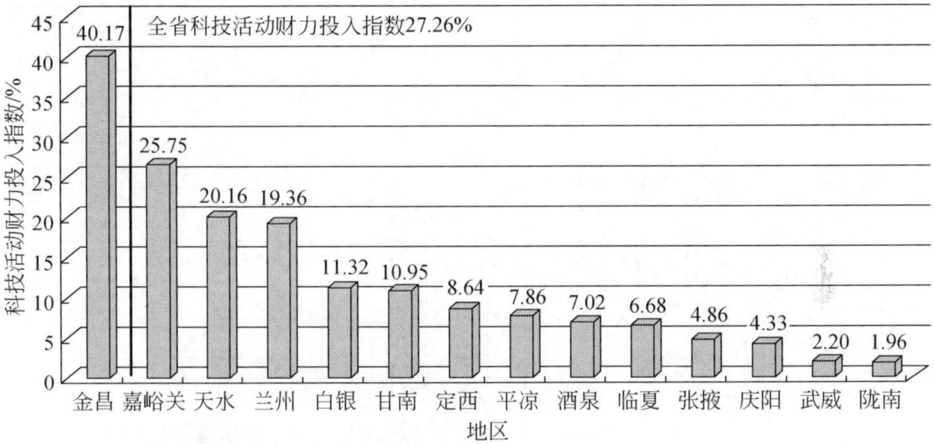

图3-25　各市（州）科技活动财力投入指数排序图

6. 科技活动产出水平评价

从科技活动产出水平指数看，兰州、金昌2市高于全省平均水平（16.46%），如图3-26所示。

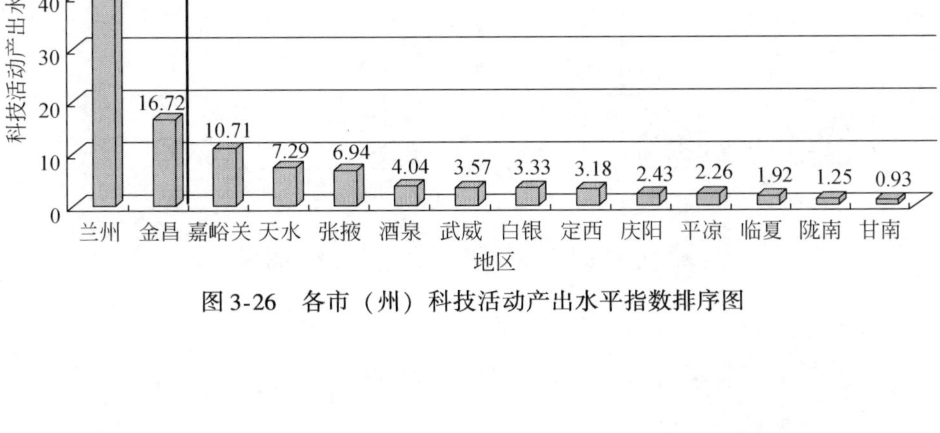

图3-26　各市（州）科技活动产出水平指数排序图

7. 技术成果市场化评价

从技术成果市场化指数看，金昌、天水、平凉、兰州、酒泉、嘉峪关、张掖、武威8市高于全省平均水平（45.56%），如图3-27所示。

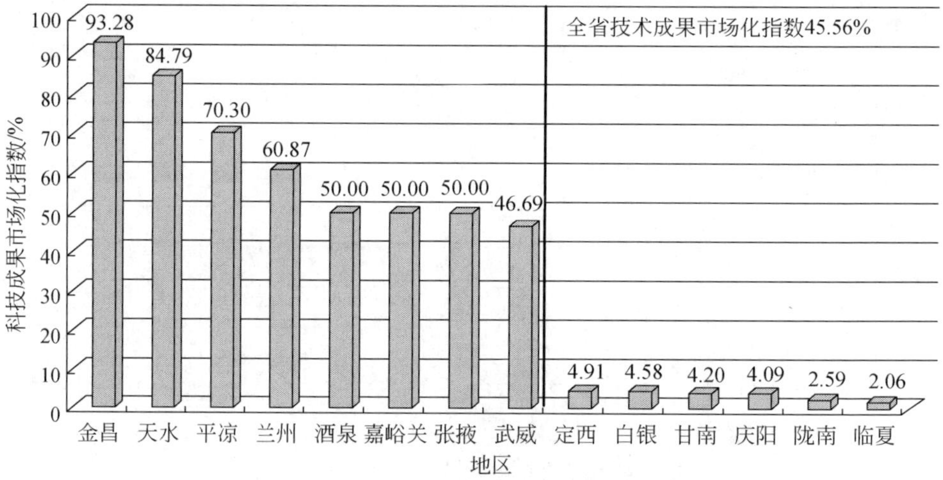

图3-27　各市（州）技术成果市场化指数排序图

8. 高新技术产业化水平评价

从高新技术产业化水平指数看，天水、嘉峪关、定西、白银4市高于全省平均水平（12.37%），如图3-28所示。

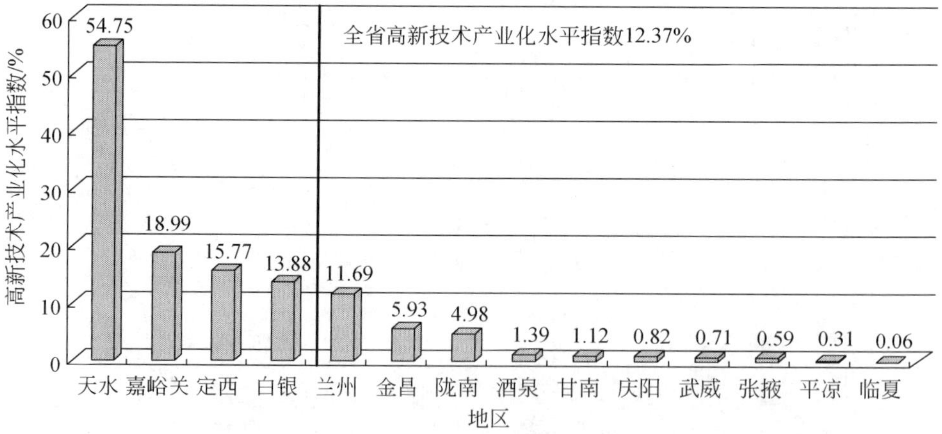

图3-28　各市（州）高新技术产业化水平指数排序图

9. 高新技术产业化效益评价

从高新技术产业化效益指数看，陇南、庆阳、天水3市高于全省平均水平（79.00%），如图3-29所示。

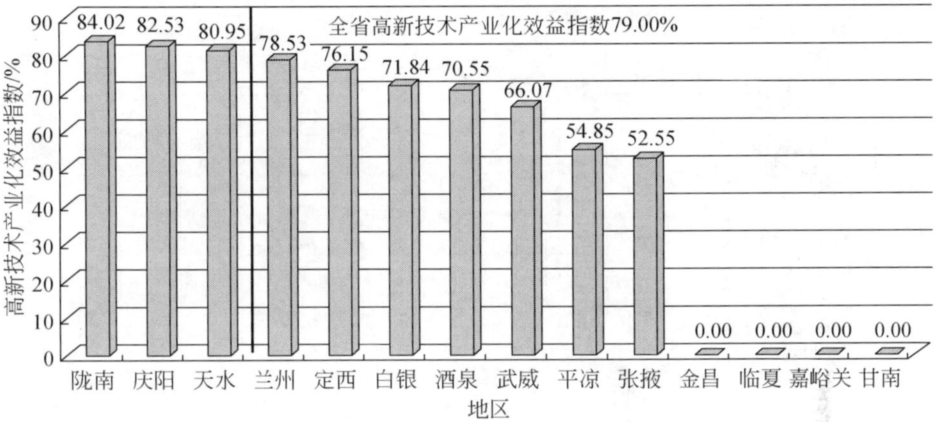

图3-29 各市（州）高新技术产业化效益指数排序图

10. 经济发展方式转变评价

从经济发展方式转变指数看，嘉峪关、金昌、庆阳、甘南4市（州）高于全省平均水平（54.77%），如图3-30所示。

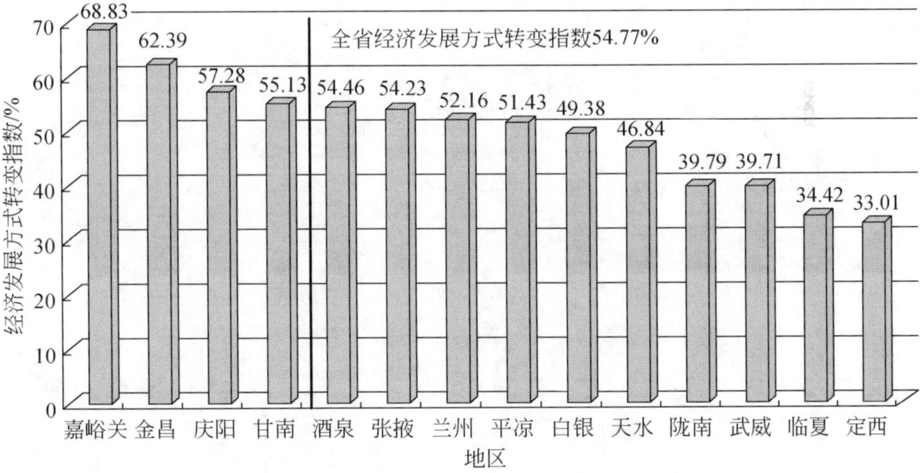

图3-30 各市（州）经济发展方式转变指数排序图

11. 环境改善评价

从环境改善指数看，金昌、天水、张掖、兰州、陇南5市高于全省平均水平（71.63%），如图3-31所示。

12. 社会生活信息化评价

从社会生活信息化指数看，嘉峪关、兰州、金昌、张掖、酒泉5市高于全省平均水平（61.36%），如图3-32所示。

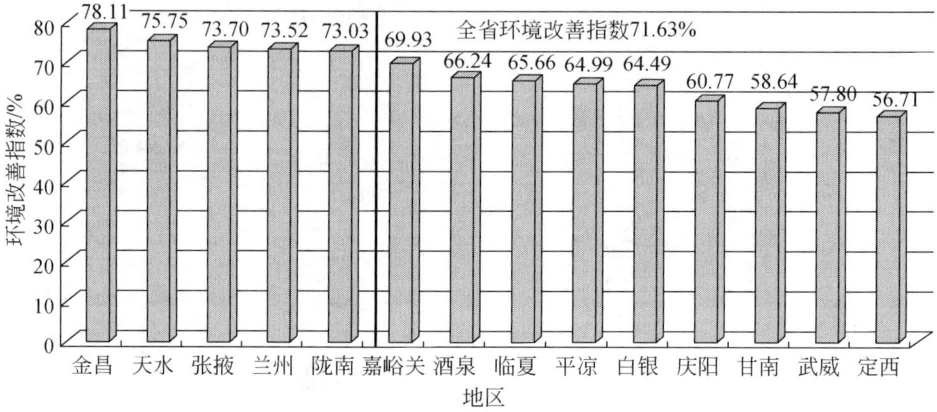

图 3-31　各市（州）环境改善指数排序图

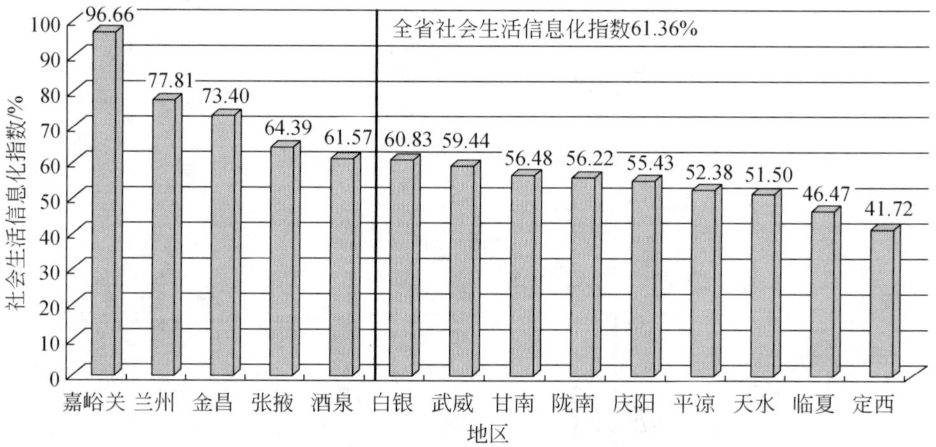

图 3-32　各市（州）社会生活信息化指数排序图

（三）甘肃省各市（州）创新能力综合评价结果

根据综合创新能力指数，将甘肃省 14 个市（州）划分为以下五类（图 3-33，图 3-34）。

第一类：综合创新能力指数高于 50% 的地区，只有兰州市。

第二类：综合创新能力指数低于 50%，但高于全省平均水平（46.73%）的地区，包括金昌市和天水市。

第三类：综合创新能力指数低于全省平均水平（46.73%），但高于 35% 地区，包括嘉峪关市和酒泉市。

第四类：综合创新能力指数在 35% 以下，但高于 30% 的地区，包括白银市、张掖市、平凉市、陇南市、庆阳市和定西市。

第五类：综合创新能力指数低于30%的地区，包括武威市、甘南藏族自治州和临夏回族自治州。

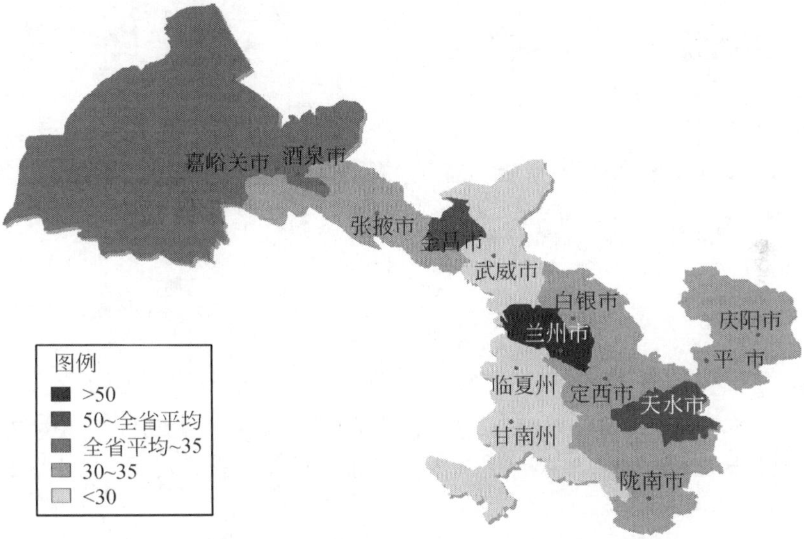

图3-33　综合创新能力地区分类图

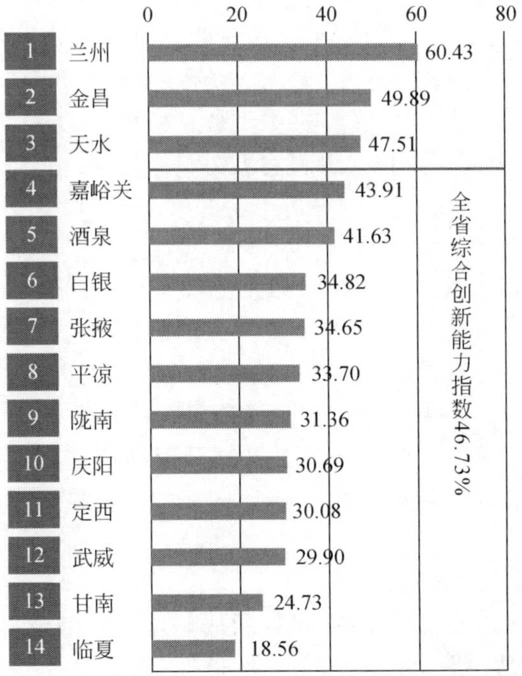

图3-34　各市（州）综合创新能力指数排序图

第三节　企业创新能力分析

一 高新技术企业创新能力

2008年4月，国家出台了《高新技术企业认定管理办法》，新标准在研发投入、知识产权、成果转化等指标方面有很大的改革。为进一步了解甘肃省高新技术企业创新情况，2010年通过问卷调查，对107家高新技术企业创新情况进行总结分析。

（一）现状

2010年，参加调查的甘肃省高新技术企业共107家，其中，内资企业104家，港澳台及外商投资企业3家，分别占97%和3%；按行业分，电子信息企业20家，先进制造业企业23家，生物医药企业15家，新材料企业10家，分别占19%、21%、14%和9%。

截至2009年年底，107家高新技术企业从业人员34 633人，比2006年增加了8064人。其中，研发人员7094人，占20.5%，高级技术职称人员1818人，比2006年增加了423人。实现主营业务收入108亿元，比2006年增加了71.4%；高新技术产品销售收入83亿元。调查的107家高新技术企业中，有99家拥有内设研发机构，占企业总数的92.5%，机构人数6445人。其中有11家是国家级研发机构，有34家是省级研发机构。

（二）创新活动特点及存在的问题

1. 企业技术创新首选目标是新产品开发

在企业技术创新首选目标调查中，71%的被调查企业认为是开发新产品；43.9%的企业是提高产品质量；32.7%的企业是降低生产成本；31.8%的企业是开拓国内新市场。调查结果显示，产品、质量、成本和国内市场是高新技术企业创新的首选目标，而替代淘汰产品、开拓国外新市场则成为企业技术创新次级目标。这表明甘肃省高新技术企业国际化程度还不高，产品更新换代的意愿不强。

2. 企业技术创新战略保持产品优势

“十一五”期间，企业采取的技术创新战略调查结果显示，66.9%的企业技术创新战略是自主创新；56.6%的企业是保持现有产品率先创新者地位；45.3%的企业是通过引进、消化吸收再创新；22.6%的企业紧随领先企业，保持技术优势，试图推出更好的产品；4.7%的企业保持企业现有技术水平和经营状况。

3. 企业创新投入增长较快，制造业领域科技创新活跃

2009年，调查企业创新费用支出9.6亿元，占2009年高新技术产品销售收入的11.6%。从支出内容看，研发支出5.7亿元，占总投入的59.4%；用于技术改造支出3亿元，占总投入的31.2%；用于技术引进支出0.3亿元，占总投入的3.1%。分行业看，制造业、生物医药的创新投入均达到亿元，分别为3.27亿元和2.05亿元，电子信息0.96亿元，三行业创新投入占全部调查企业的65.4%。新材料的创新投入为0.69亿元；科技服务行业为0.37亿元；其他投入为2.2亿元。

4. 企业创新的方式是自主研发与合作开发

在调查企业中，91.50%的企业有自主研发；67.92%的企业有合作开发；而6.60%的企业购买技术，表明“十一五”期间甘肃省高新技术企业创新的主要方式是自主研发与合作开发。多数企业通过各种方式与大专院校、科研院所建立密切的合作关系，搭建产学研合作发展和对外交流的平台，合力解决产业发展中的共性和关键性技术难题。

5. 企业知识产权保护意识不断提高

调查表明，2006～2009年，每年至少有89家高新技术企业申请专利，占调查企业的83.96%以上。2009年，89家高新技术企业专利申请量达到312件，平均申请3.5件/家，专利授权量240件，其中发明专利授权总量31件。表明企业有了较强的知识产权保护意识。从企业规模来看，企业规模越大，采取知识产权保护措施的比例就越高。

6. 政府资金是企业科技创新的重要来源

2009年，107家调查企业中，有64家企业获得财政性资金1.8亿元，比2006年增长2.2倍，占调查企业科技活动经费支出额的22.7%，表明“十一五”期间政府财政性资金有大幅的提高，政府资金是企业科技创新的重要来源。企业获得财政性资金的资助方式主要是直接拨款、补贴、奖励等。

7. 人才、资金、政策等是影响企业技术创新的关键因素

在当前影响企业技术创新的主要因素的调查中，72.9%的企业认为人才是影响企业技术创新的主要因素；70.1%的企业认为资金是影响企业技术创新的主要因素；40.2%的企业认为政策支持力度不足是影响企业技术创新的主要因素；39.2%的企业认为市场开拓和技术、市场信息是影响企业技术创新的主要因素。投融资情况调查表明，2009年，107家高新技术企业只有41家获得过投融资支持，其中，只有3家获得过创业风险投资，1家企业通过上市获得融资，创新资金来源渠道单一。

二 创新型企业创新能力

创新型企业是指拥有自主知识产权的核心技术、知名品牌，具有良好的创新管理和文化，整体技术水平在同行业中居于先进地位，在市场竞争中具有优势和持续发展能力的企业（刘春香，2005）。从创新的内涵与企业发展模式的演进来看，创新型企业是指以创新作为企业发展的动力，将各种主要以发明、创造带来的新的生产要素或新的生产要素组合运用到实际经营过程中去，通过整合企业内部和外部的资源，实现技术及战略、文化、制度、市场与流程等全面协同创新，以掌握核心技术和拥有自主知识产权为手段取得竞争优势，通过持续地、全面协同地自主创新，达到获取商业价值或经济利润的目的。

甘肃省科技厅、省经委、省政府国资委、省总工会于2006年启动创新型企业试点工作。经过三年的发展，创新型试点企业在自主知识产权、知名品牌和持续创新能力等方面快速发展，为建设创新型甘肃、为工业强省提供了重要支撑。本章对甘肃省创新型企业的发展情况进行了充分的调研、分析和评价，以期总结试点企业创新发展的经验，为明确支持企业自主创新的政策措施提供参考建议，引导创新型企业不断提高自主创新能力，示范和带动甘肃省企业整体竞争力提高和战略性新兴产业发展。

（一）现状

1. 企业效益大幅提高

2008年，甘肃省创新型企业增加值达250.4亿元，实现利润52.94亿元，上缴利税达64.35亿元，分别占全省工业企业的20.46%、24.65%和15.08%，出口创汇7.63万美元，占全省工业出口创汇总额的45.99%。有27家创新型试点企业实现销售收入过亿元。

2010年，甘肃省工信委在各市（州）审核推荐的基础上，已确定了30家“2010年度甘肃省创新型企业”。此次入围的创新型企业，其主营业务收入均达到5000万元，并连续3年增长20%以上。

2. 研发机构建设不断完善

甘肃省创新型企业基本上全部建有专门的研发机构，其中，国家级工程技术研究中心2个、国家级企业技术中心7个。省级企业技术中心60家、工程技术研究中心28家，分别占甘肃省企业技术中心和工程技术研究中心的71.43%和46.67%。

例如，甘肃蓝科石化高新装备股份有限公司（简称蓝科高新）是甘肃省的创新型企业，设有国家石油钻采炼油化工设备质量监督检测中心、中国石化总公司兰州设备失效分析与预防研究中心、机械工业石油钻采设备质量监督检测中心、机械工业换热器产品质量监督检测中心、省级兰州传热与节能工程技术研究中心等研发机构。蓝科高新新产品层出不穷，累计为国家贡献科技成果990多项，其中国家发明奖3项，部省级科技进步奖160余项，专利46项，国家级新产品和国家火炬计划产品20项，被科学技术部（简称科技部）评为国家火炬计划重点高校技术企业。

3. 创新投入在全省所占比例大

2008年研发投入总额为12.55亿元，占全省研发费用支出的47.01%，投入研发人员10 786人，占全省研发人员的20.48%。2009年全省R&D总经费支出37.3亿元，其中来自企业的资金20.7亿元，占总经费的55%。

4. 取得重大创新成果

截至2008年，企业共获得国家科技进步奖2项；甘肃省科技进步一等奖13项、科技进步二等奖18项、工程学会奖1项、新技术新产品奖3项、科技进步三等奖29项；获得市（州）科技奖励数55项。一大批创新成果的涌现，带动了全省石油化工、冶金、有色等领域的产业技术进入国家先进行列，有色、化工等优势领域的新材料技术达到国内先进水平，生物制药及中（藏）药产业发展和关键技术取得重大突破。

5. 企业核心竞争力持续提高

2008年，企业共申请专利442项，授权专利405项，其中申请发明专利149项，授权发明专利116项。获得其他类知识产权登记74项，共拥有国家级商标和品牌102个，省市（州）级商标和品牌116个。主持制定或参与制定国家标准107项、行业标准90项。在石油钻采及炼化设备、数控机床、风电、电工电器、真空设备等产品的主机成套和零部件配套等产业表现出突出的产品优势和较强的市场竞争能力。

6. 产学研技术创新联盟助推联合创新

甘肃省创新型企业联合省内外高校、科研院所、企业，构建了“镍钴新材料产学研创新联盟”“有色重金属短流程节能冶金产业技术创新战略联盟”“甘肃智能型数控机床技术创新战略联盟”“甘肃省绿色镀膜新材料产业技术创新战略联盟”“甘肃省太阳能光热应用产业技术创新战略联盟”，聚集国内“产学研”科技资源，形成合力，集中攻克一批共性的关键技术，加速创新成果的商业化，联合培养人才。

（二）存在的问题

1. 政府对企业自主创新财政资金支持力度明显不足，企业融资渠道不通

虽然甘肃省不断加大对企业自主创新的科技投入，但是从调查结果显示，

48 家企业中自主创新的经费投入主要是企业自筹，而政府投入的研发经费少之又少，其中，企业自筹科研经费的占 96%，政府投入的占 4%。

2. 高素质的技术人才严重缺乏

人才是研究开发活动的实际实施者，只有拥有了具备创造力的核心人物，企业才有开展自主创新的基础。调查结果显示，在问题“当前阻碍企业提高自主创新能力的主要因素中”企业根据各因素的影响程度认为缺乏人才是影响企业自主创新的第二大关键要素。甘肃省大多数创新型企业人才总量不足，整体素质偏低，高层次的人才尤其匮乏，严重阻碍了企业自主创新的进程。

3. 科技创新体系比较薄弱，产学研结合机制不够健全

调查结果显示，企业研发机构、科技中介机构等创新载体种类和数量均偏少，规模效应不明显，只有 6% 的企业自主创新体系达到了非常完善的程度，而 83% 的企业自主创新体系较完善，11% 的企业自主创新体系很不完善。总体看来，甘肃省企业自主创新体系比较薄弱，还有待进一步完善。在产学研的合作方式中，缺乏促进产学研合作的配套设施、协调机制，因此甘肃省企业自主创新的科技资源优势和潜力还有待进一步挖掘和整合。

4. 企业自主创新的相关政策环境、创新激励制度和措施尚未完全落实

调查显示，大部分的企业对政府出台的自主创新的政策保持中立态度，只有 14% 的企业认为相关的政策环境非常满意，而 83% 的企业认为目前的政策环境还有待进一步落实和完善。大部分企业制定了创新激励制度和措施，但是还不够完善，未落到实处，其中 50% 的企业虽然建立了相应的激励制度，但是还不完善，3% 的企业还未建立相关的创新激励制度。企业对政策环境的满意度及企业自身自主创新激励制度的完善程度，在一定水平上影响了企业自主创新的热情。

第四节　重点产业创新能力分析

一 传统产业创新能力分析

（一）石油化工产业创新能力

石油化工产业是国民经济重要的支柱产业，具有资源资金技术密集、产业关联度高、经济总量大的特点，产品广泛应用于国民经济、人民生活、国防科技等各个领域，石化产业发展对促进相关产业升级，拉动经济增长具有举足轻重的作用。甘肃省石化产业以成品油、乙烯、化肥等基础石化产品生产为主，行业增加值占甘肃省工业增加值的近四分之一，是甘肃省第一大支柱产业。

1. 甘肃省石油化工产业发展现状

1）行业齐全的石化工业体系奠定产业发展基础

甘肃省石化工业历史悠久，是我国石油化工产业的摇篮，是新中国第一个工业油田、第一座大型现代化炼油厂、第一个合成橡胶（丁苯橡胶）生产地、第一套乙烯裂解装置的诞生地，现已形成石油勘探与开发、石油加工、三大有机合成材料、精细化工、塑料加工、有机和无机化工基本原料、化工机械和化学清洗等25个石化行业，涉及6个行业大类、800多种石化产品。2010年，甘肃省石化行业规模以上企业有242户，拥有中国石油兰州石化分公司、中国石油玉门油田分公司、中国石油长庆油田分公司、中国石油庆阳炼油化工有限责任公司、甘肃银光聚银化工有限责任公司、蓝星集团等国内知名大型石化企业和重点企业，从业人员119 953人，石化工业总产值完成1185.19亿元，占甘肃省工业总值的24.34%①。

石化工业主要布局在兰州、玉门和庆阳3个地区，在地域分布上呈“一体两翼”的发展格局（即以大兰州为主体，河西、陇东为两翼），地区规模、技术装备、效率及区位优势较为明显。

2）石油和天然气开采业、石油加工及炼焦业在全国具有比较优势，精细化工快速发展

甘肃省石油加工及炼焦业的生产能力居全国第9位，总产值占全国的42%，在西部居首位。中石油兰州石化已形成千万吨级炼油和70万吨乙烯综合生产加工能力，成为目前西部最大的炼化一体化企业，为甘肃省今后发展乙烯后继加工产品、带动相关产业发展带来了新的机遇。石油和天然气开采业生产能力居全国第13位，总产值占全国的15%，在西部地区仅低于新疆、陕西和四川。

甘肃省精细化工异军突起，在开发油品添加剂、石油裂化催化剂、有机合成催化剂、橡胶塑料助剂的基础上，从20世纪80年代开始又陆续开发了油田化学品、缓释剂、清洗剂、皮革助剂、纺织印染剂、食品添加剂等精细化工新产品，生产的245种精细化工产品中，有68项填补了国内空白，25种产品质量达到国际水平或国际先进水平，其中兰州石化公司是国内三大催化裂化催化剂生产基地之一。

3）一批核心技术和创新产品支撑产业发展

兰州石化自主研制出全国第一台YL3000型烟气轮机，打破了国际烟气轮机市场对中国垄断的局面，“十五”又成功研制出30 000千瓦级特大功率烟气轮机，技术达到国际先进水平，为“十五”国家重大技术装备“大型乙烯成套设

① 简祁．甘肃省石化行业2010年经济运行回顾与2011年展望．中国石油和化工经济分析，2011年05期。

备”研制提供了支撑；研制的系列飞船所需特种橡胶生产技术、混合碳五加氢石油树脂，代表着全球同行业核心技术的尖端，在全球和全国具有不可替代的位置；炼化主要工艺技术和炼油催化裂化催化剂领域达到国内领先水平。玉门炼油化工研制生产的15号航空液压油、3号耐醇脂、2号低温脂等10多个特油产品均为全国独家产品。永新集团投资3.5亿元建成5万吨涂料生产线投产，成为目前西北地区规模最大的涂料生产线，其技术装备、节能环保等指标均达到国内领先水平。甘肃银光公司是我国最早引进成套工艺设备并成功生产TDI产品的企业，20世纪80年代生产线的引进和投产填补了国内TDI空白，结束了我国TDI产品长期依赖进口的历史，打破了国外的垄断。

4）创新合作引领、推动产业快速发展

2007年，兰州市政府与中国化工集团开展合作，“十一五”期间中国化工蓝星集团在兰州建设“蓝星兰州新材料基地”。2010年，中国化工集团公司与甘肃省人民政府签署战略合作框架协议，今后5年，中国化工将实现总投资500亿元，以推动甘肃省经济建设和中国化工的结构调整与优化布局，积极参与甘肃省石化产业规划、技术创新、产业基地及循环经济建设。目前，中国化工已经在兰州市建成投产世界最大的化学级金属硅生产基地、工程塑料聚甲醛的原料项目。2008年，甘肃银光聚银化工有限公司分别与兰州理工大学、青岛科技大学签订了“国家聚氨酯工程技术研究中心建设”和“10万吨TDI关键技术研发及产业化”产学研合作项目，将运用高新技术改造提升企业的技术创新能力和产业发展水平，2010年银光化学工业集团有限公司10万吨TDI技改项目顺利投产并生产出优质TDI产品，有力推动了企业发展步入“快车道”，白银市也因此成为中国聚氨酯新材料生产基地。

5）较好的技术和人才优势不断提升产业创新能力

甘肃省石化工业历史悠久，在长期的科研和生产实践中，建立了一批技术研究开发基地，培养了一大批技术人才。2011年，石化行业R&D人员折合全时当量1243.2人年，占甘肃省R&D人员的3.91%。有研究开发机构33个。省内石油化工方面的高校有兰州大学、兰州理工大学、兰州交通大学、西北师范大学、兰州石油化工职业技术学院等；有中国科学院兰州化学物理研究所精细石油化工中间体国家工程研究中心、中石油兰州化工研究中心、甘肃省石油化工催化剂工程技术研究中心、甘肃省石油化工过程及装备行业技术中心、甘肃银光化学工业集团有限公司国家级企业技术中心、兰州兰石集团有限公司国家级企业技术中心、甘肃省化工研究院、天华化工机械及自动化研究设计院、北方涂料工业研究设计院等国家及省级研发中心；有甘肃锦世化工有限责任公司、兰州兰石集团有限公司、天华化工机械及自动化研究设计院、甘肃银光聚银化工有限公司等创新型企业；有兰州石化公司、兰炼、兰化、玉门油田公司、庆化公司等中央在甘石化企业，刘化、永新集团、金化集团、404 钛白粉分厂、银光化学工业公司、亚盛集团等地方大型化工企业，较好的石化工业基础和技术人才优势，为甘肃省石化工业发展提供了坚实基础。

2. 石化产业发展存在的主要问题

1）企业发展不平衡，中小企业实力较弱

甘肃省石化企业大都隶属中央，在省内已经具备了相当规模，实力较强，工业增加值和销售收入占甘肃省石化工业的 70% 和 80% 左右。地方大型化工企业以农用化工、无机化工为主，除刘化、金化、永新集团等几家企业较大外，其余中小企业由于数量少、布局相对分散、技术落后、竞争力较弱等因素，在一定程度上制约了产业链的延伸。

石油化工产业作为甘肃省工业的第一支柱产业，对地方经济的贡献主要体现在 GDP 的增速上，而由于管理体制上的原因，地方实际得到的只有税收，经营利润上缴中央。同时，由于石化工业有较明显的技术密集性、资本密集性等特征，对资金少、技术水平低的地方经济而言，无法实现技术的横向转移和组合，石化工业技术开发的成果难以被地方经济利用。按照系统论的观点，一个区域经济系统中，各系统要素比例关系严重失调，则系统的整体功能只能以其最低水平的要素为基准，从而形成系统的总水平相当落后。因此，虽有大型石化工业这样的增长极，但对地方经济的辐射带动作用却非常微弱，地方经济仍较落后。

2）产业关联度较低，产业内部企业间的有机联系较差

甘肃省石化产业结构呈现炼油所占比例大，合成材料下游产品加工和精细化学品较小的局面。市场需求量大的工程塑料、合成新材料、新兴精细化工产品等高新技术、高附加值产品少，聚乙烯、聚丙烯、合成橡胶等加工增值潜力较大的石化产品主要销往西南和沿海地区。地方企业与中央企业没有形成有机的联系，装备制造、轻工等相关产业发展滞后，拉动能力不足。

石化工业大部分产品原料、市场两头在外，资源对外依存度较高。除农用化工产品市场主要在省内之外，甘肃省石油化工产业所用原料大部分依靠区外供应，原油、天然气主要来自新疆、青海两地，省内天然气全部由青海涩北气田供应。而省内聚乙烯、聚丙烯、合成橡胶、合成树脂等产品主要销往西南和沿海地区，两头在外，区内部分事实上成了一个“加工车间”，产业规划、产品技术创新更多受制于总部部署。同时，受运输成本、原油价格上涨等因素的影响，发展空间有限。

3）甘肃省石化工业在全国的优势地位将发生动摇

建设大型石化园区，是石化产业加快延伸产业链、提升发展水平的有效途径。甘肃省石化工业虽然具有千万吨级的炼油能力和 800 多种化工产品，但甘

肃省石油化工产业化工园区建设滞后，没有形成集聚效应。由于规划、用地等方面的因素，目前，甘肃省现有大型企业周围并未建立起真正意义的大型石化园区。

与此同时，国家新布局建成的镇海、茂名、上海、高桥、金陵、齐鲁等千万吨级的炼油基地将分流甘肃省的优势，还有近年来世界500强中的埃克森、BP、杜邦等大公司陆续在长三角、珠三角、环渤海地区建成一批规模化、基地化、园区化的石化产业集群，也将使石化产业发生区域性的重点转移。

4）初级加工产品为主，产品附加值低

甘肃省化工产品以原材料和产品的初级加工为主，深加工及新领域精细化工产品少，产品附加值低。除农用化工产品外，基本以化工原料为主，农用产品主要是合成氨、尿素、磷铵；无机化工产品主要为硫酸、硝酸、纯碱、铬盐和钛白粉等；有机化工产品主要是兰州石化以乙烯、丙烯为基本原料的产品，包括合成树脂、合成橡胶等；精细化工则主要集中在涂料、助剂、炼油催化剂等较为传统的领域。原油、原油加工、TDI、浓硝酸、钛白粉和铬盐规模仍居全国前列，但代表行业发展水平、市场需求量大的合成树脂、合成纤维、工程塑料、食品添加剂、饲料添加剂、医药中间体等新兴领域精细化工产品、高附加值产品少。

5）节能减排、结构调整的任务比较重

石化产业属于资源消耗量大、废弃物排放量高的产业，生态环境保护和安全生产责任重大；缺乏退出机制，淘汰落后产能难度大，节能减排项目资金不足；同时，能源管理基础薄弱，指标体系复杂，节能减排、结构调整的难度大。

（二）有色冶金产业创新能力

有色冶金产业是工业产业链的重要组成部分，产品种类多、应用领域广、关联度高，在经济社会发展中发挥着重要作用。甘肃省是我国有色冶金矿产资源的富集地区，是我国重要有色冶金原材料工业与深加工基地之一，有色冶金产业在甘肃省经济发展中发挥着重要的作用，是拉动甘肃省经济增长的重要增长极。

甘肃省在有色金属领域具备较好的技术和产业基础，培育了兰州有色金属新材料工业园区、白银有色金属新材料园区和金川镍钴新材料园区，逐步形成了国家级兰白金有色金属新材料产业化基地。但甘肃省有色冶金产业创新能力还比较低，创新体系还欠完善，不利于创新成果的形成与应用，制约了产业创新能力和核心竞争力的提升。因此，加快构建有色冶金产业创新体系，促进有色冶金领域的研究应用开发，推动有色冶金产业内新技术或新知识的产生、流动、更新和转化，为企业技术创新和高新技术产业化提供应用基础性成果，为甘肃省有色冶金产业的快速发展提供强大的创新支撑能力。

1. 甘肃省有色冶金产业创新能力的基本现状

1）产业发展具备一定的规模

甘肃省有色冶金产业连续多年实现了高速增长，产业规模不断扩大，对经济增长的贡献率逐步提高。2011 年，有色工业和冶金工业分别完成工业增加值 265.93 亿元和 210.77 亿元，分别比 2010 年增加 18.11% 和 48.93%，有色冶金行业占甘肃省工业增加值的 20%。10 种有色金属 219.23 万吨，占全国产量的 6.4%，增长率为 14.46%，高于全国 9.8% 的增长率，其中铜、铝、铅、锌、镍产量分别为 62.54 万吨、117.41 万吨、1.91 万吨、24.42 万吨和 12.70 万吨。经过多年的技术改造和创新，金川公司、酒钢集团、白银公司、中国铝业兰州分公司、中国铝业连城铝业公司、中国铝业西北铝加工分公司等骨干企业迅速崛起，部分重点企业的产品质量和品种档次处于国内领先地位，具有较高的知名度和市场占有率①。

2）矿产资源开采潜力大

甘肃省矿产资源丰富，有色金属矿产资源比较优势明显，铜、铅、锌、铁、镍等主要资源在全国占有较高比重，截至 2012 年年底，甘肃省已探明铜矿总金属量 330 万吨，铅矿总金属量 290 万吨，锌矿总金属量 890 万吨，镁矿（炼镁白云岩）矿石量 1880 万吨，镍矿总金属量 400 万吨，钴矿总金属量 11.6 万吨，钨矿 65 万吨，钼矿总金属量 8 万吨，锑矿总金属量 13 万吨。探明铁矿总矿石 10 亿吨，锰矿总矿石量 300 万吨，铬矿总矿石量 200 万吨，钒矿总矿石量 1.4 亿吨。在甘肃省已探明的 110 种储量矿种中，有 10 个矿种保有资源储量居全国首位，34 个矿种居全国前 5 位，60 个矿种居全国前 10 位。从甘肃省资源潜力评价初步结果看，甘肃省冶金有色矿产预测资源量铁矿石为 46 亿吨，铜为 1560 万吨，镍为 625 万吨，铅锌为 2500 万吨，钨为 150 万吨，钼为 200 万吨，锑为 128 万吨，金为 3000 吨，银为 15 000 吨，稀土为 10 万吨。多数矿产已查明资源储量仅为预测资源量的 10% ~50%，丰富的矿产资源为甘肃省有色金属产业可持续发展提供了有力支撑。

3）技术设备较强

甘肃省已形成具有一定规模的以矿山采选和冶炼加工为主，包括地质勘探、工程施工、机械制配、科研设计、教育培训等综合配套的现代化冶金有色工业体系；建成了酒泉钢铁集团公司、金川有色金属集团公司、白银有色金属公司、兰州铝业股份公司、兰州连城铝业股份有限责任公司、腾达西北铁合金有限责任公司、兰州炭素集团有限责任公司、甘肃稀土集团公司为主的骨干企业和一

① 资料来源：《2011 年甘肃省国民经济和社会发展统计公报》。

大批中、小企业，构成了甘肃省冶金有色工业的主体框架。尤其自“十一五”时期以来，随着产业固定资产特别是更新改造投资力度的加大，甘肃省有色冶金行业的一大批重点项目有重大突破。产业技术装备水平不断升级，闪速熔炼技术、富氧熔池熔炼技术等一大批新技术的使用，提高了甘肃省有色工业在市场上的地位，金川公司镍钴铂族金属采选冶综合技术实力位居世界同行业前三位。2008 年 4 月，国家火炬计划白银市有色金属新材料及制品产业基地通过科技部火炬高技术产业开发中心批准认定。2008 年 6 月，国家发展和改革委员会（简称国家发改委）批准金昌市建立“新材料产业国家高技术产业基地”。酒钢 53 万吨不锈钢冷轧，金川选矿扩能技术改造基本建成、富氧顶吹镍熔炼建成投产，中铝西北铝加工分公司铝箔项目开工建设，同时配套 20 万吨铝板带箔的原料项目，中铝兰州分公司 10 万吨铝扁锭项目已开始设备联动调试，中铝连城分公司 15 万吨铝扁锭项目、西脉电铅项目已开工建设。方大炭素三压型项目是目前亚洲唯一、世界仅有的两条生产线之一，其建成投产使公司装备技术水平达到了国内一流、世界领先。2012 年，世界首条前沿技术的 500 千安电解铝生产线在中铝兰州分公司落户投产。

4）节能减排初见成效

大规模投入使有色冶金行业采用先进技术装备，淘汰落后生产工艺的进程明显加快，技术装备水平有了很大提高。通过发展循环经济，实施环境污染治理项目，产品综合能耗不断下降，废物循环综合利用水平得到提高，“三废”排放量逐步减少，重点企业主要技术指标和能耗指标已达到国家行业准入条件和产品能耗标准。2008 年，甘肃省电解铝企业直流电平均单耗 13 502 千瓦·时/吨，处于国内领先水平；铜、铅、锌冶炼总回收率分别达到 95.6%、89.1%、88.6%，达到国家行业准入标准，白银公司污染治理及综合利用项目中，铜冶炼制酸系统污染治理项目已建成投产。

5）空间分布与区域特色共存

从区域分布来看，兰州园区以兰州铝业公司、连城铝业公司、兰州炭素集团为主形成生产基地，以兰州西脉记忆合金公司等为主建立有色冶金成果的生产转化基地，园区重点发展新型铝合金材料、铝深加工，以及人造心脏瓣膜、新型石墨材料等方面。白银园区以中国科学院白银高技术产业园、白银有色金属公司、甘肃稀土集团公司为主要基地，在白银开发区建立新材料开发、转化和生产基地，园区重点培育新型电池材料产业，涉及铜、稀土、铅、锌等深加工产品。金昌园区作为全国知名的“镍都”，重点发展镍、铜、钴等的深加工产品，截止到 2012 年，金川集团公司与兰州大学、兰州理工大学、西北师范大学、兰州交通大学联合组建的“科研攻关和创新型人才培养基地”，与东北大学、贵研铂业股份有限公司等单位共同承担的“十二五”国家支撑计划项目

“稀贵金属高效利用技术开发”产学研金川示范基地、“兰州理工大学金川研究院”授牌。

2. 存在的问题

1）市场需求严重萎缩，金融危机仍在波及

自2008年下半年以来，随着国际金融危机对实体经济的影响不断加深，我国有色金属产业受到较大冲击，产品价格大幅下跌，产量不断下降，国内消费疲软，企业流动资金紧张，产业平稳发展面临严峻挑战。甘肃省有色金属产业也受到了较大冲击，情况不容乐观，尽管产业总规模仍在扩大，但2009年行业利润比上年有较大幅度下滑。受国际金融危机影响，汽车、电力、家电等主要下游行业对有色金属的需求大幅下降，全球有色金属行业市场需求大幅萎缩。受出口政策和市场价格的影响，有色金属产品出口难度进一步加大。电解铝在全球范围内供过于求，国内电解铝产能利用率只有73%左右。

2）产业结构单一

甘肃省有色金属产业粗放型产品仍占多数，高技术含量、高附加值、高竞争力产品的生产能力相对较弱，有色金属深加工业的发展也相对缓慢。例如，铜冶炼领域实力较强，但在具有高附加值的铜产品深加工领域却涉足不多，且多停留在低端应用层面上。因此，产业转型十分紧迫而漫长，产业转型如同传统产业格局的形成那样要经历一个长期的过程，接续产业和新兴主导产业的培育也需要一个过程。在这个过程中，产业结构单一、产业链条短、附加值和科技含量低将伴随整个过程。产业转型是甘肃省经济可持续发展的长期历史任务，要优化产业结构，培育新的经济增长点，延长产业链条，提高科技含量和附加值，力推循环经济发展。

3）资源短缺日益加剧

甘肃省铜、铅、锌、铁矿、镍钴、铂族资源具有比较优势，经过多年的开采加上企业生产能力的扩大，自有资源已经不能满足企业的生产需要，对外依存度越来越大，一半以上的镍精矿、铅锌、铁矿及绝大部分铜精矿要从省外或国外购进。

4）节能减排形势严峻

生态环境和能源利用已成为甘肃省部分市（州）有色金属产业可持续发展的重要制约因素，产业发展的资源、能源、生态环境代价较高，部分生产企业存在能源消耗高、烟气排放，以及废水治理技术不先进、环境影响大等问题，对节能减排目标的完成带来压力。

5）企业创新投入不足

创新费用以内部支出为主，除少数个别企业投入多以外，其他企业基本没有创新投入。在政府支持的创新资金来源上，政府资金仍是主要来源，政府政策对产业创新的支持相对不足。有色冶金产业的政府资金、创新减免税及政策性贷款三项比例指标明显偏低，从其他外界创新资金来源看，海外创新资金源等比例指标均低于甘肃省水平。

6）企业产学研合作有待加强

甘肃省有色冶金企业普遍建立了多种形式的合作，其中以委托制模式为最佳；设立的研发机构以合作项目需要为目的，服务形式以产品开发为主。但目前合作研发的机构普遍运行经费不足，缺乏可持续发展能力；联合申请政府项目和经费积极性不高。

7）市场压力日益加大，竞争渐趋激烈

当前，国际有色金属产品市场竞争日趋激烈。与国内外先进市场相比，甘肃省有色金属产业自主创新能力不强、产品层次和附加值不高，在某些领域的竞争中可能会受到一定程度的冲击。同时，国外通过设定强制性技术指标等方式，抬高产品准入门槛，设置“隐形贸易壁垒”，使得甘肃省有色金属产品出口受到影响。

（三）电子信息产业创新能力分析

信息产业是当今世界国民经济基础性、支柱性、先导性、战略性的产业，也是当今世界发展最快、渗透性最强、应用最广的关键技术，是推动经济增长和知识传播的重要引擎。振兴甘肃省电子信息产业，对调整结构、拉动经济增长、转变发展方式、扩大就业具有重要作用。

1. 甘肃省电子信息产业发展的基本情况

1）经济效益平稳增长，主要产品产量进一步提高

2010 年，甘肃省电子信息产业行业整体经济运行良好，各项指标均呈现增长态势（表 3-20）。规模以上企业的销售产值为 10. 66 亿元，同比增长 53. 7%，出口交货额为 1. 07 亿元，同比增长 162. 5%；1 ~ 7 月，电子制造业的收入为 12. 85 亿元，同比增长 55. 4%，软件服务业收入 6. 76 亿元，同比增长 31. 4%。

表 3-20　2010 年上半年甘肃省电子信息产业主要经济指标完成情况

销售产值/亿元	增减/%	出口交货额/亿元	增减/%	工业产值/亿元	增减/%	软件服务业收入/亿元	增减/%
10. 66	53. 7	1. 07	162. 5	12. 85	55. 4	6. 76	31. 4

2010 年，甘肃省信息产业实现主营业务收入 165. 59 亿元，较“十五”末增长 69. 14%，年均增长 13. 83%。其中，甘肃省电子信息产业统计内企业实现工业总产值 27. 2 亿元，较“十五”末增长 38. 78%，年均增长 7. 75%；主营业务收入 47. 91 亿元，较“十五”末增长 68. 11%，年均增长 13. 62%；增加值

13.42 亿元，较“十五”末增长 101.26%，年均增长 20.24%；利税总额 7.26 亿元，较“十五”末增长233%，年均增长46.6%；“十一五”末从业人员 1.74 万人，资产总额 84.73 亿元。通信业固定、移动电话用户达到 1802 万户，互联网宽带接入用户达到 112.2 万户。

截至 2012 年 11 月底，甘肃省电子信息产业实现主营业务收入 181.31 亿元，同比增长 12.48%。其中，制造业实现主营业务收入 27.85 亿元，同比增长 19.68%；通信业实现电信主营业务收入 138 亿元，同比增长 12.03%。前 11 个月全省电子信息产业实现利润 3.5 亿元，同比增长 3.86%。从业人员劳动报酬同比增长 14.8%；通信业利税同比增长 8.39%。规模以上电子信息产品制造业完成主营业务收入 13.2 亿元，而全国平均水平达 11 463 亿元，所占比重偏小。

2）产业规模继续放大，形成了一批骨干企业

甘肃省电子信息产业企业共有 71 家，其中国有控股企业 3 家，国有独资控股企业 1 家，集体控股企业 1 家，股份合作控股企业 3 家，三资控股企业 2 家，其他控股企业 61 家。从业人员 1.5 万人，其中工程技术人员 0.38 万人，管理人员 0.23 万人。资产总计 55 亿元。

企业技术创新能力逐渐提高，研制了一批具有自主知识产权的新产品、新技术，实施了一批重点技术改造和产业化项目，形成了一批骨干企业，制造业企业主要有兰光集团、兰州瑞德集团、长风信息集团和华天微电子公司等。软件企业主要有万维公司、飞天网景公司、南特数码公司、紫光智能公司、森智信息技术公司等；主要产品有彩色显示器、数字化音响、集成电路、电真空器件、半导体专用设备、数字化测量仪表、洗衣机、冰箱、各类软件等。

3）软件业发展稳步上升，产业聚集效应日益明显

截至 2010 年 6 月，甘肃省通过双软认证（软件企业、软件产品）的企业共有 64 家（含计算机系统集成企业），其中内资控股企业 62 家（国有控股企业 6 家、集体控股企业 6 家、私人控股企业 50 家）、外资控股企业 2 家。有 46 家企业集聚于兰州高新技术产业开发区，占总数的 72%。按行业分，软件产品企业 28 家，系统集成 31 家，软件技术服务 5 家。全年软件从业人员 4137 人，其中研发人员 1813 人，占总数的 43.8%；管理人员 847 人，占总数的 20.5%。

2010 年，具有资质的 82 家企业实现主营业务收入 23.88 亿元，较“十五”末增长 168.6%，年均增长 33.72%；利税总额 3.46 亿元，较“十五”末增长 235.92%，年均增长 47.18%；从业人员 5215 人，资产总额 23.13 亿元，软件服务业收入占到甘肃省电子信息产业总收入的 49.84%。软件服务企业主要集中在兰州市高新区软件园等园区，收入占到软件业总收入的 99% 以上，排列前 10 名的软件企业收入占到总收入的 58.32%。“十一五”以来，申请及获得各类专利超过百件，软件著作权 215 项，2 家企业通过了 CMMI3 级认证评估，93% 以

上的软件服务企业通过了 GB/T19000-ISO9000 系列质量保证体系认证①。截至2012年11月底，软件业实现主营业务收入15.46亿元，同比增长2.3%；软件业实现利润1.21亿元，同比下降3.7%，从业人员劳动报酬同比增长18.1%。

2. 甘肃省电子信息产业发展面临的形势

1）全球信息产业战略地位日益突出带来巨大竞争压力

未来5年，全球信息产业战略地位日益突出，在经济社会发展中渗透、引领作用凸显。各种技术、知识、机制和市场模式将基于信息技术以更快的速度扩散和创新，国内电子信息产品制造业、软件服务业、信息网络、信息技术服务的发展、融合，物联网、云计算、无线网络等新兴产业的发展将促进整个信息产业发展模式的变革，信息产业正在引发当今社会的深刻变化。加快信息产业发展成为推动经济发展方式转变、维护国家安全、提升国家竞争力、支撑经济社会发展的重要选择。经过多年的发展，甘肃省的信息产业发展已具备了一定基础和条件，但产业发展的深层次问题和结构性矛盾仍然突出，主要表现在：产业总体规模偏小，产业链延伸不长，主导产品多数是配套产品，处于产业链的中低端，附加值偏低；产业创新能力不足，缺乏“牵引力”，拥有自主品牌、具有较强竞争力的龙头骨干企业较少，市场竞争力弱；投融资体系有待健全，企业资金紧缺与融资抵押困难，制约产业可持续发展；通信基础设施建设相对薄弱，与东部发达省份相比差距大，城市与农村基础设施差距也在拉大，农村宽带网络只覆盖42%的行政村，城市宽带网络提速与农村宽带进村入户任务艰巨，通信服务业业务收入增速趋缓；管理及专业技术人才匮乏，高学历、高素质的复合人才较少，企业面临着人才难招、人才难留等问题。

2）新形势下甘肃省电子信息产业发展的一些深层次问题更加突出

目前，国际金融危机正在向实体蔓延，国际市场总体需求低迷，国际产业竞争更加激烈，产业的结构性问题和产品的结构性问题更加突出。近年来，甘肃省电子信息产业自主创新能力虽取得较大发展，但总体看，自主创新能力仍然较为薄弱，产品结构不够合理，多数企业长期处于价值链低端，随着成本优势逐渐弱化，本已狭小的利润空间被进一步挤压。支持技术创新和产业发展的政策措施还不完善，以省内外需求带动产业发展的机制尚未健全，自主创新成果产业化缺乏应有带动能力且产业化进展缓慢。个别骨干企业体制机制尚未理顺，企业发展在新形势下更加困难。

3. 甘肃省电子信息产业发展方略

1）优势产业重点突破，逐步掌握产业发展主动权

抓住国内外资本、人才、技术和市场机遇，立足自主创新，突出大项目带

① 甘肃省工业和信息化委员会，《甘肃省“十一五”信息产业发展规划》(2012)。

动力，集中力量，在甘肃省具有局部优势的集成电路、军用电子装备和关键配套件、电子专用设备等重点领域取得突破，争取在新一轮产业竞争中处于主动地位。在新型高端塑封集成电路、专用数字集成电路的设计能力和制造重点突破，巩固规模优势。依托骨干企业重点项目建设，提升集成电路封装技术水平、技术含量和附加值，扩大产业规模，以创新求效益，确保技术领先，封装产业总体规模稳居全国前列。大力提升专用数字集成电路设计水平和6英寸生产线工艺水平，使甘肃省专用集成电路迈上新台阶。在军用电子装备的科研和军品技战术水平方面重点突破，大力研制新型军用集成电路、半导体器件和电真空器件，提高为国内军事电子装备和航空航天项目的配套能力。

2）振兴骨干企业，确保稳定增长

加快产品升级，提高配套能力以适应技术变化和市场需求。大力发展骨干企业的新型电力电子器件、厚膜集成电路、混合集成电路、模拟集成电路、DC-DC电源模块、传感器、半导体照明、高频频率器件及塑封集成电路等核心基础产品，提高产品的性价比和可靠性，扩大市场占有率，振兴骨干企业，促进产业平稳快速发展。

3）以应用带发展，形成新的增长点

促进信息化和工业化融合，加速信息基础设施建设，刺激国内市场消费需求，推动业务创新和服务模式创新，以新需求带动新增长。加快用现代信息技术改造提升传统产业的步伐。重点围绕甘肃省传统支柱产业的需求，提升信息技术支撑传统产业改造升级能力，加速行业解决方案的开发和推广，支持电子标签（RFID）、机床电子、汽车电子、医疗电子、工业控制及税控收款机系统等产品和系统的开发，积极争取参与标准制定。以产品设计、生产制造、市场流通、企业管理为突破口，推进信息技术与传统工业相结合。

4）发挥企业创新主体的作用

目前，在甘肃省电子信息产业国有大中型企业占有相当大的比重。为了发挥国有大中型企业作为甘肃省电子信息产业创新主体的作用，必须深化甘肃省电子信息产业中大中型国有企业的改革：一要按照有进有退、合理流动的原则，推动国有资本更多地向电子信息产业中的关键领域集中；二要推进甘肃省电子信息产业中国有大型企业股份制改革，健全公司法人治理结构、投资风险控制机制和内部监督管理机制，建立适应现代企业制度要求的选人用人和激励约束机制；三要激发电子信息企业技术集聚的综合竞争优势，经过集聚再创新产生较高的核心技术集聚强度，提升甘肃省电子信息产业国际竞争力。

（四）装备制造业创新能力

甘肃省装备制造业虽然占全国同行业比重不大，却有着令同行业、同领域，甚至世界同行业企业不可忽视的地位；拥有精、专、尖的技术优势。尤其在《甘肃省装备制造业调整和振兴规划》等政策的推动下，甘肃省装备制造业凭借技术优势，5 年来以 20% 以上的速度快速发展，在国民生产总值和工业总产值的比例也逐年上升。据《2011 年甘肃省国民经济和社会发展统计公报》显示，2011 年全省装备制造业完成工业增加值 116.9 亿元，同比增长 17%；实现利润 18.8 亿元，同比增长 35.7%，增长速度居各行业前列。

1. 装备制造业创新体系基本现状

1）工业基础扎实，技术水平先进

国家在“一五”和“三线”建设期间在甘肃省装备制造业上有过大量投入，奠定了甘肃省装备制造业的基础。目前，甘肃省装备制造业企业技术能力较强，如兰州石油化工设备集团公司已成为我国最大的石油钻采机械和炼油化工设备生产基地之一，其生产的 12 000 米陆地和海洋石油钻机在国内处于领先地位，石油钻机、成套石油化工和炼油设备、抽油机等产品远销欧美、中东及亚太等数十个国家和地区；兰州电机有限责任公司是西北地区最大的电机和发电设备制造企业，拥有国家认定的企业技术中心、交流变频调速电机制造技术等；华天微电子有限公司是西部地区最大的集成电路封装基地；兰州真空设备有限公司是我国目前唯一集真空、低温、压力容器三种生产技术于一体的专业化工厂，主导产品市场占有率达 60%，在国内真空设备领域占有行业主导厂商的地位；天水星火机床公司的几种主导产品在国内市场占有率达 40%；天水风动机械有限公司的“燎原牌”气腿式凿岩机国内市场占有率第一。

2）较强的加工制造能力，具有特色的装备制造业生产体系

目前，甘肃省已经具备了较强的机械、电子产品制造能力和零部件加工配套能力，初步形成了以骨干企业为龙头，大中小型企业相结合，能够为石油钻采、化工、轻工、机械加工、建材、交通运输、军工等多个领域提供装备，具有一定特色的装备制造业生产体系。其中，电气机械及器材制造业、专用设备和通用设备制造业实力相对较强，并拥有一批在国内同行业中具有一定实力的骨干企业，所生产的品种，涵盖了主机、辅机、成套设备、关键部件、维修配件和技术服务等领域。

3）丰富的科技创新资源

甘肃省装备制造业以企业为主体，产学研相结合的技术创新体系逐步建立。截至 2011 年年底，甘肃省装备制造行业拥有兰州电机有限公司、兰石集团有限公司、天水星火机床有限公司等 8 个国家级企业技术中心，兰州瑞德实业集团等 48 个省级企业技术中心。兰州理工大学等大专院校设有 50 多个与装备制造业有关的学科专业，年毕业生达到 4000 人以上。目前，甘肃省装备制造业逐渐形成了以兰州为主的石化通用设备和电机制造基地、以天水为主的输配电设备、数控机床及

电子电器制造基地和以酒泉、嘉峪关为主的河西新能源装备制造基地。

2. 甘肃省装备制造业面临的问题

1）区位劣势明显，竞争力差

甘肃省地处祖国大西北，距海、陆口岸都比较远，获取各种信息比较滞后，交通相对落后，运输路线太长，产品空间成本过大，产品价格没有竞争优势，对甘肃省装备制造业的发展形成了一定阻碍。

2）技术水平落后，结构性产能过剩严重

甘肃省装备制造业整体水平落后，设备陈旧，能够体现综合科技创新能力和制造实力的企业较少，重大技术装备产品与国外相比仍存在较大差距。重大技术装备、重要领域发展所需要的高技术、高附加值的成套设备仍然依赖进口，同时，一般劳动密集型和技术含量低的机械产品大量过剩的结构性产能过剩，已经成为制约甘肃省装备制造业发展的瓶颈。

3）企业集聚程度低

甘肃省装备制造业企业数量少、平均规模小、分布比较分散，从而造成了行业集中度低、产品关联度小、生产衔接程度差。大企业大而不强，小企业小而不专，缺少领军企业，没有形成一个由核心企业带动的产业集群，没有形成专业化的行业特色及优质产品生产规模。

4）资金短缺，人才外流

政府资金投入不足，金融融资难，政策性银行门槛高，加上沉重的债务和改革成本，使甘肃省装备制造业资金严重不足。同时，由于发达地区高薪和优越的工作、生活条件的吸引，以及传统的分配制度难以向特殊人才倾斜，甘肃省装备制造业的人才大范围流失，职业教育的滑坡使企业现有技术工人的质量和数量也不能满足其发展需求。

5）科研力量不足，创新能力弱

甘肃省大多数装备制造企业科研力量不足，创新能力弱，突出表现为核心技术主要靠引进，成套能力较差，特别是大量的中小企业技术水平落后，没有研发机构，技术创新能力不强，缺乏新项目新产品，更缺少拥有自主知识产权的产品和技术，严重制约了企业市场竞争能力的提高和经济增长方式的转变。

（五）农业结构调整升级与创新能力

甘肃省农业经过“十一五”时期的快速发展，综合生产能力不断增强，主要农产品供给能力明显提升，农民增收渠道逐步拓宽，农民收入持续较快增长，农业产业结构进一步优化，农业创新能力得到有效提升。马铃薯、中药材、苜蓿草、玉米制种、啤酒大麦 5 个产业位居全国第一，食用百合、肉羔羊、酿酒葡萄等10个产业位居全国前五。

1. 甘肃省农业结构与创新能力基本现状

1）农业结构与布局进一步优化

甘肃省注重“两高一优”农业产业发展，加快培育区域特色优势产业，积极发展草食畜牧业，不断优化种群结构，提高科技含量和转变养殖方式，走产业化、规模化发展之路，有效地促进农业结构不断趋于科学、合理。甘肃省农产品区域布局进一步优化，形成了以定西为主的马铃薯种薯及商品薯生产基地，河西走廊杂交玉米、瓜菜制种基地，河西走廊及沿黄灌区、泾河流域、渭河流域、徽成盆地五大蔬菜优势产区，定西、陇南为主的中药材生产基地，平凉、庆阳、天水、陇南为主的苹果生产基地，草食畜牧业综合生产能力大幅度提高，战略性主导产业的地位初步确立，农业产业化程度大幅提高。

2）农业技术体系逐步完善

通过引进、选育、示范、推广优质高效品种，甘肃省主要农作物实现了2～3次更新换代，良种覆盖率达到90%以上。以“蓄住天上水，用好地表水”为核心的旱作农业技术体系的开发与推广，有效地解决了节水灌溉、保墒保温等关键问题，节水农业综合技术体系的开发、应用和不断创新，初步实现了农业节水技术的配套化。以节能日光温室为主的设施农业栽培技术的推广应用，为农业结构调整提供了新的途径，实现了瓜果、蔬菜的常年均衡供应，使甘肃省成为全国五大蔬菜产销基地之一。杂交改良、秸秆氨化、配（混）合饲料、疫病综合防治等技术，在畜牧业生产中已广泛采用，促进了优质、高效畜牧业的发展，规模化养殖的迅速发展，使畜牧业产值占到甘肃省农业总产值的三分之一以上。农业机械化技术的推广应用，大幅度提高了农业劳动生产率，促进了现代农业的发展。

3）农业科技创新体系初步形成

经过多年的努力和发展，以甘肃省特色农业产业化发展为中心的农业科技创新体系雏形基本形成。目前，甘肃省共有中央在甘及省、市级从事农业科研国有科研、教学单位63个，农业科研人员近6500人；省、市、县、乡四级国有种植业、畜牧兽医、渔业、农机四大农业技术推广机构4473个，从农业科学基础研究、农业技术开发应用研究到农业科技成果转化，形成了学科门类基本齐全、网络体系基本健全、布局结构相对合理的农业科技创新体系，农业产业化企业、农资经营企业、农民专业经济合作组织等社会化农业科技服务体系不断健全，成为新形势下农业科技服务的新生力量和有效补充。

4）农业源头创新能力不断提升

源头创新是甘肃省农业科技创新的基础。组织实施了农业生物技术研究与应用开发、农作物新品种选育两个源头创新项目。农业生物技术研究与应用开发项目已取得了一批具有自主知识产权的成果，在花卉百合种球脱毒快繁技术研究、抗条锈病冬小麦新品种培育、酿酒葡萄无性系脱毒和嫁接技术研究、重组基因疫苗等领域形成了具有自主知识产权的品种和技术体系，为甘肃省农业发展提供了强大的技术支撑。农作物新品种选育项目重点围绕甘肃省战略性主导产业、区域性优势产业和地方特色产品，重点开展了小麦、玉米、马铃薯、中药材、油料、小杂粮等作物的新品种培育，已培育出 70 多种农牧业新品种（系），为甘肃省农业经济发展提供品种储备和支撑。

5）农业从业人员科技文化素质不断提高

深入开展科技特派员基层创业行动、实施科技富民强县工程、推进星火产业带建设和新农村建设等工作，创新了科技服务“三农”的模式，延伸了市县科技工作内容，取得了显著的经济和社会效益。6864 名科技特派员遍布甘肃省，建立示范基地 194 个，实施各类科技项目 1365 项，引进新技术 3469 项，培训农民 263 万人次；36 个县市区列入国家科技富民强县试点，带动企业投入 27 亿元，培育壮大了区域特色支柱产业；河西、沿黄两个星火产业带健康发展，区域科技经济实力进一步增强；开展新农村建设科技示范（试点）14 个，示范转化适用技术 921 项，促进农民人均增收 397 元；市县综合科技实力和可持续发展潜力得到整体提升。

2. 甘肃省农业科技创新存在的问题

1）农业结构调整趋同，区域发展不平衡

目前，甘肃省农村经济结构仍然是以农业为主，农业以种植业为主，种植业又以粮食为主。甘肃省优质专用小麦、玉米、马铃薯等面积仅占农作物播种面积的 26%；草食畜在畜牧业中的比重只有 45%，战略性主导产业的地位还没有完全确立。并且区域间存在不同程度的大而全、小而全的问题，盲目跟风的现象还比较突出。甘肃省中东部地区由于多方面的因素，发展依然缓慢，传统农业比重大，农民收入水平低，而且差距仍在扩大，进一步增收的难度较大。

2）农业科技研发、应用环节薄弱

在研发环节，甘肃省科技创新能力不强、科技储备不足，跟踪研究多、自主创新少，农业生产技术体系的组装配套集成能力还不强。特别是面对农业生态环境日益恶化、农业资源日趋匮乏等新问题，科技储备不足的问题越来越突出。在应用环节，甘肃省科技成果转化慢、推广机制不灵活，产业化程度低，这种现状显然不适应结构调整、产业升级、农民增收、缓解资源与环境退化等对科技的需求。

3）农业科技投入总量不足，高层次创新人才匮乏

投入是提高科技自主创新能力、加速科技成果转化、促进农业和农村经济发展的必要条件和基本保证。甘肃省农业科技投入以政府为主体，但长期投入

不足。同时，在调动科技人员的积极性和创造性、为高层次创新人才提供良好创新环境和服务上仍有许多问题要解决。

4）农业体制机制尚待完善

在体制与运行机制上，体制不完善、机制不灵活，条块分割、运行效率低、科研资源配置不合理、创新能力不强的问题仍较突出。科技与生产结合不紧，重大创新性成果少，转化为直接生产力难度大，科技储备严重不足。农业科技推广体系缺乏活力和创新，队伍不稳定、知识储备不足。企业技术创新体系尚未健全，民间中介服务组织和科技推广体系发育迟缓。以上各方面因素均严重制约了甘肃省农业科技创新能力和综合生产能力的提高。

二 战略新兴产业创新能力分析

（一）新能源产业创新能力

新能源是指化石等传统能源之外的新型能源，主要包括太阳能、风能、生物质能、地热、海洋能、小水能、天然气水合物及核能等。甘肃省具有新能源产业快速发展的必备条件和综合配套区位优势。大力发展新能源产业，已成为甘肃省促进节能减排、应对气候变化、推进低碳经济发展最有效、最重要的途径。特别是随着“中心带动、两翼齐飞、组团发展、整体推进”区域发展战略的深入实施，风能、太阳能、生物质能、核能等新能源将得到进一步开发建设，为新能源产业加快发展带来难得的历史机遇。

1. 新能源产业创新体系基本现状

1）已形成一定规模和特色

亚洲风电增长动力在中国，中国风电增长动力之一在甘肃省。甘肃省风电占中国在建容量的31.23%，2007年全面启动了以酒泉为中心的中国首座千万千瓦级风电基地建设，“酒泉国家风电装备高新技术产业化基地”正式挂牌，甘肃省成为全国最大的风电装备制造基地。截至2012年8月底，酒泉共建成风电场35个，风电装机规模达到550万千瓦（其中并网541万千瓦），占全国风电装机的比例已超过10%，创造了风电建设的“酒泉速度”和“酒泉奇迹”。按此速度，到2015年，全省非化石能源在能源消费中的比重将达到15%，提前五年实现国家规定的目标。依托产学研战略联盟，攻克大型风电机组及关键部件技术，已形成风电设备整机及关键零部件的产业链条，目前已拥有兰州电机有限责任公司、兰州兰石集团有限公司、天水星火机床有限责任公司3个国家级企业技术中心，省级企业技术中心达40个，先后组建了“甘肃省风力机工程技术研究中心”“甘肃省风电成套设备工程技术研究中心”。重点企业研发投入占销售收入的比重达 4.3%，新产品销售收入占全部销售收入的 36.58%。

追风逐日，太阳能成为甘肃省新能源开发的“第二驾马车”，2008 年 12 月，我国第一座在荒漠中建设的并网光伏电站——大唐武威太阳能电站在河西走廊的武威市建成投入运行，之后全国第一座光伏发电特许权招标项目——敦煌 10 兆瓦光伏并网发电示范工程开工，2011 年甘肃省发改委正式批复核准黄河上游水电开发有限责任公司景泰 10 兆瓦并网光伏发电项目。2010 年 1 月，“甘肃省太阳能光热应用产业技术创新战略联盟”成立，总投资 1.8 亿元的兰州首个太阳能光热产业园暨国家绿色中心产业化基地在兰州空港循环产业基地动工。太阳能灶、太阳能暖房、太阳能热水器等这些设施也在甘肃省的城市乡村得到广泛推广和使用，据不完全统计，目前在甘肃省已累计推广太阳能灶近 80 万台，太阳能暖房 200 余万平方米，太阳能热水器 55 万平方米。

甘肃省的生物质能产业具有明显的产业优势，凭借沼气推广项目、亚行技术支援甘肃农村清洁能源开发项目等的实施，已有丰富的产业基础和技术积累。亚洲银行于 2008 年 1 月正式启动亚行技术援助甘肃农村清洁能源开发项目，投资 100 万美元，支持甘肃省可再生能源的发展和新能源的开发，并建成华池生态学校和天水澳牛乳业气电联产沼气两个示范点。截至 2011 年年底，甘肃农村户用沼气用户数已累计达到 110 万户，示范建成大中型沼气工程 36 处，在建的大中型沼气工程 22 处，适宜农户普及率超过 35%，酒泉、嘉峪关、金昌等 3 市适宜农户普及率超过 70%，在全国居于前列。

甘肃省是中国建设最早、发展最快、规模最大的核工业基地省，拥有铀矿地质勘探与采冶、核燃料生产与核部件制造、核设施退役治理、乏燃料后处理（已建成实验工厂）及核技术应用等重要行业及其构成的较为完整的核工业体系。主要的企业和机构具备长期从事核工业科研生产管理的技术支撑条件。

2）新能源科技成果转化推广体系逐步建设

目前，甘肃省拥有国家和省级新能源科技成果转化推广体系：酒泉国家风电装备高新技术产业化基地、联合国工业发展组织-联合国太阳能成果转化培训中心、国家级兰州大学科技园、兰州理工大学科技园、兰州交通大学科技园、兰州高新区科技企业孵化器、兰州理工大学成果转化中心、兰州交通大学成果转化中心、依托西北永新组建的国家风力发电工程技术研究中心涂料与涂装防护研究室等。

甘肃省正逐步形成可消纳新能源电力的产业结构体系，坚持把电能就地消纳与向外输送结合起来，在科学论证的基础上，积极发展高载能产业，配合国家电网公司进一步加快电网建设，提高外送能力，确保酒泉风电基地科学、有序、健康快速发展。

2. 新能源产业发展存在的问题

1）调峰和消纳问题是制约风电及光电产业发展的重要因素

风电和光电系统都存在一个共同的缺陷：资源的不确定性导致出力相对不稳定、可控性差。虽然太阳能与风能的互补性能够弥补风电和光电独立运行的一些缺陷，但不能从根本上解决问题，需要传统常规能源进行调峰，常规能源规模的发展必定要受到限制。

2）对制造业的带动有待进一步加强

新能源产业的发展依托于新能源装备制造业发展，但装备制造业水平有待于进一步提高，竞争优势不明显，特别缺乏具有强大核心竞争力的产业和企业，产业链需要进一步延长。

3）科技创新能力和水平有待提高

新能源产业科技资源分散，创新能力较弱，原创性重大科技成果产出不多，支撑产业核心竞争力作用不强等一些矛盾突出，制约产业发展关键技术没有从根本上取得突破。企业技术研发和产业化能力较低，产业领军人才缺乏，市场开发能力、市场开拓意识和能动性不强，各类创新体系有待进一步完善。

（二）生物医药产业创新能力

生物医药产业是战略性新兴产业的重要组成部分，是“十二五”时期甘肃省抢占产业发展高端和前沿的战略重点。只有通过自主研发和技术创新，促进企业新药开发能力不断增强，大幅提高生产水平，才能更好地开发甘肃省生物医药良好的自然条件和丰富的生物资源，促进生物医药产业实现快速发展。

1. 甘肃省生物医药产业创新基本现状

1）创新体系不断完善，创新能力得到有效提升

甘肃省现有与生物技术产业密切相关的高等院校 11 所，省级以上生物技术研发机构 32 家。生物产业领域拥有 4 个国家重点实验室，1 个国家工程技术研究中心，1 个国家级企业研发中心，1 个科技部 863 计划产业化基地，1 个国家中药现代化科技产业基地，36 个省级重点实验室、工程技术研究中心和企业技术中心，1 个省级生物产业基地。生物产业领域从事研究开发的高级职称技术人员有 2000 多人，其中两院院士 9 人。特别是兰州生物制品所、中国农业科学院兰州兽医研究所、中国农业科学院兰州畜牧与兽药研究所、中牧股份兰州生物药厂，这 4 家单位将人用疫苗和动物疫苗的研究生产集中在兰州一地，具有全国唯一的产业聚集基础。组建“甘肃省天然药物重点实验室”“甘肃省中药新药临床前安全评价研究重点实验室”“甘肃省中药现代化工程技术研究中心”“甘肃省藏药工程技术研究中心”“甘肃省中药饮片炮制及质控工程技术研究中心”5 个中药创新平台，以及 4 个生物医药创新平台，医药领域创新平台数达到 9

个，共计投入平台建设资金420万元。

2）科技项目提升中药资源利用能力和产业化水平

“十一五”期间，以提升新药创新能力为根本，培育建设新药创新平台，加大对具有自主知识产权新药研发工作的组织和投入，新药创制工作取得新进展。

“十一五”期间甘肃省支持新药创制和中药产业发展的科技经费达4013万元，自2006年起，甘肃省持续组织新药创制和中药现代化专项，加强新药研究开发，尤其是研发重大中药新药品种，打造“陇药”品牌，以科技重大专项形式支持人用疫苗、中药新药、中药二次开发等项目；围绕重大专项计划、科技支撑计划、中小企业创新基金等计划，支持新药创制的项目73项，支持科技经费3173万元。

例如，国家科技支撑计划项目“当归、黄芪、大黄等区域特色中药资源利用关键技术及产业化研究”获国家支持资金2303万元，以甘肃省地道特色中药材为研究对象，集中对制约甘肃省中医药产业发展的瓶颈问题进行研究。经过3年的运行，研究人员对当归、黄芪、大黄的种质资源、种植、加工、炮制、贮藏、质量控制、产品开发等关键技术进行了系统研究，建立了完整丰富的当归种质资源库，研究出一批规范化种植、贮藏、生产技术，制定了质量控制技术标准，开展具有原创性的新药研究，共形成新品种3个；撰写专著2部；发表论文106篇（其中向国外发表41篇）；申请专利16项，其中3项获得发明专利授权；修订国家标准2项，研制并制定国家标准草案4项；制定内控标准及内控操作规程行业标准36项；建立当归等种质资源圃33亩①；种子繁育基地75亩、种苗繁育基地405亩、规范化种植示范基地2782亩；培养博士研究生7名、硕士研究生23名。项目成果对有效发挥甘肃省特色中药材资源优势，将资源优势转化为经济优势，促进甘肃省中药产业发展具有重要的意义。

3）生物医药产业良好的发展机遇

2008年，甘肃省在“工业强省”的战略规划中，把“生物制药与中（藏）药现代化”列为“六个做大做强”的重点产业之一，进行重点支持。2010年，生物医药产业已被列为培育发展的战略性新兴产业领域。甘肃省在与科技部的“省部会商协议”中，又将“生物制药与中（藏）药现代化产业”列为重点支持的五个领域之一，省部共建，合力推进。这些政策措施给甘肃省生物医药产业的发展提出了重要课题，也带来了重大的发展机遇。

4）部分生物医药研发居全国前列

在生物制药方面，形成了疫苗、治疗性生物制品和诊断试剂等产品研发与生产体系，以兰州生物制品研究所为龙头，形成了疫苗、治疗药物、诊断试剂

① 1亩=1/15公顷≈666.7平方米。

类生物产品生产技术体系。在兽用疫苗方面，以兰州兽医研究所为龙头，成功开发生产了口蹄疫灭活疫苗、猪瘟兔化弱毒疫苗、马传染性贫血弱毒疫苗等50多种兽用疫苗和兽药，其中猪瘟兔化弱毒疫苗出口国外。在现代中（藏）药方面，形成以甘肃省道地及大宗药材种植、加工、中成药研发与生产的企业群和产业链。在生物医学工程方面，重离子束治癌治疗浅层肿瘤患者的临床试验取得成功（103例），使我国成为国际上第四个有能力进行重离子束治癌的国家，记忆合金系列骨科器械和人工心脏瓣膜的技术和市场份额居国内前列。

2. 生物医药产业发展存在的问题

1）国内外竞争激烈，优势特色不明显

当前，生物医药产业已成为新一轮经济竞争的重要领域之一，不但国际竞争更加激烈，就是国内各区域、各地区也纷纷将这一产业视为可持续发展战略的优势领域，倍加关注，积极引导。甘肃省地处经济欠发达地区，虽然个别技术位居全国领先地位，但生物医药产业发展仍处在竞争的弱势地位，既有机遇，也有挑战，形势严峻。

2）企业带动能力有限，产业化发展困难

甘肃省虽有较好的生物医药产业基础，但整体规模偏小，尚处于成长期和扩张期，缺少年产值10亿元以上的大型骨干龙头企业和年销售额1亿元以上的大品种带动，项目缺资金、生产缺场地、研发缺投入、营销缺能力、人才缺领军、发展缺条件等问题较为突出。

3）产业的聚集度不够，制约规模化发展

2010年，全国25个省市已建或在建的生物医药基地100多个，生物园区50多个。甘肃省生物医药最发达的兰州市除城关区盐场堡地区历史形成的生物医药集中区外，并没有产学研一体化的生物医药产业园区，不利于研发新药、吸引高级专业人才和推进医药生物产业快速发展。

4）缺乏强有力的协调

长期以来，甘肃省生物医药产业条块分割，自由发展、信息不畅、资源浪费，缺乏强有力的政府协调和政策引导。因此，组建一个长期发挥职能的组织实施机构，建立长效协调机制，从而实现统一规划，谋求整体推进，通力协作十分必要。

5）自主创新能力差，缺乏具有自主产权的产品

甘肃省自己研制新药的能力有限，生物医药行业作为一个高技术特征十分明显的行业，一直以来是国际知识产权竞争的焦点之一。一个具有自主知识产权的产品意味着一方市场，缺乏具有自主知识产权的技术、产品，意味着在激烈的国际市场竞争中只能始终处于被动、挨打的局面。

6）地理位置和自然环境的相对劣势

甘肃省及其周边地区丰富的药材资源，成为医药产业发展的依托和优势。但同时，甘肃省作为我国中西部地区的省份，与东部沿海地区相比，比较落后，在吸引人才、资金等方面受到制约。由于自然灾害和各种人为原因，西部地区自然环境不断恶化，生态环境越来越恶劣。这些都对甘肃省社会经济可持续发展带来不利影响，也制约着甘肃省生物医药产业的发展。

（三）新材料发展现状及创新能力

甘肃省作为我国有色冶金资源大省，长期以来对以有色冶金资源为主的新材料产业进行了重点培养和积极发展，并作为优势战略性新型产业，进行了重点支持和建设。特别是近年来，甘肃省委、省政府大力推进“工业强省”战略，通过调整结构，战略性重组和技术改造，延长产业链，提高产品的科技含量和附加值，新材料产业得到了一定的培养和发展，取得了一定的成绩。目前，已形成了以兰州、金昌、白银有色金属新材料产业基地为主的新材料产业带，进行了以镍、钴、铜、铝、稀土、贵金属等有色金属为主的新材料和不锈钢新材料等产品的开发和产业拓展。但甘肃省新材料产业创新体系还欠完善，不利于创新成果的形成与应用，制约了产业创新能力和核心竞争力的提升。因此，应加快提升新材料产业创新能力，促进新材料领域的研究应用开发，推动新材料产业内新技术或新知识的产生、流动、更新和转化，为企业技术创新和高新技术产业化提供应用基础性成果，为甘肃省新材料产业的快速发展提供强大的创新支撑能力。

1. 新材料产业创新能力基本现状

1）新材料产业形成了一定的特色和规模

甘肃省已成为中国最大的有色金属粉体材料、镍铜钴高纯金属、贵金属催化材料、稀土功能材料大省。甘肃省在壮大基础原材料产业的同时，坚持走新型工业化道路，建成和正在建设一批具有较强市场竞争力的新材料生产线：高起点建成了年产 10 万吨连铸连轧铜杆、500 吨羰基镍工业试验、3 万吨铝箔、1200 吨储氢稀土材料和高性能钕铁硼永磁材料等生产线；正在建设 6 万吨精密铜镍合金管棒、5000 吨镍基合金板带、万吨羰基镍、5000 吨羰基铁、万吨海绵钛等在国内具有较强竞争力的生产线。

位于金昌市的金川集团是我国最大的镍钴金属盐类产品生产基地，也是甘肃省重要的化工生产基地和能源基地，依靠镍钴与贵金属原材料优势，形成了镍、铜、钴及贵金属新材料精深加工、有色金属精细化工新材料优势产业链，镍、铜、钴及贵金属新材料精深加工、有色金属精细化工新材料在全国占有明显的技术与产业优势，镍钴新材料产品产量占全国镍钴新材料产品产量份额的

90%以上。金川集团已具备年产15万吨镍、40万吨铜、1万吨钴、3500千克铂族金属、200万吨水泥、200万吨硫酸和18万吨合成氨的生产能力。

酒钢以钢铁业为主，形成了嘉峪关本部、兰州榆中和山西翼城三大钢铁生产基地，已形成“采、选、烧、铁、钢、材”完整配套的钢铁工业生产体系，是西北地区具有较大影响力的钢铁联合企业之一。目前已形成碳钢系列高速线材、棒材、中厚板材、热轧薄板、冷轧薄板和不锈钢系列热轧卷板及冷轧卷板规模生产，低碳钢高速无扭控冷热轧圆盘条、压力容器用钢板、低合金结构钢热轧厚钢板及钢带、碳素结构钢热轧钢板、钢筋混凝土用热轧带肋钢筋HRB400等6种产品获得中国钢铁工业协会“金杯奖”。

白银有色金属新材料是我国重要的有色金属工业基地，目前形成了有色金属采选矿量近300万吨，年产铜铅锌三种有色金属30万吨、有色金属加工材6.57万吨、黄金3000千克、白银100吨、硫酸63万吨、氟化盐7.2万吨的生产能力，发展形成了以铜基、铝基、锌基、铅基为基础的铜材、铝材、锌材、铅材及深加工新材料产业链项目。主要产品有阴极铜、铅锭、锌锭、有色金属加工材、贵金属制品、锌基合金、硫酸、黄金、白银、氟化盐产品等40多种，其中有38种产品先后被评为国、省（部）优质产品，优质产品产值率达到90%以上。主导产品“红鹭”牌铜、铅、锌为甘肃省名牌产品和“陇货精品”，铜、铅、锌获中国有色行业实物质量金杯奖，产品在国内外市场享有盛誉。2011年，全市有色行业实现工业增加值达到44.78亿元，占全部工业增加值的27.22%。

甘肃稀土集团公司是甘肃省唯一的大型稀土生产企业，目前已形成稀土加工分离、稀土金属、稀土研磨材料、稀土贮氢材料、稀土磁性材料、荧光材料、氯碱化工等七大较为紧密的产业链条，可生产九大系列，100个品种，200多个规格的产品，其中研磨材料产能2000吨，各种稀土金属产能2500吨，贮氢材料产能1200吨，钕铁硼永磁材料产能1000吨，发光材料产能100吨。2009年，该公司完成各类稀土产品2.6万吨，是我国目前最大的稀土分离企业之一。

2）创新助推产业发展能力不断增强

创新驱动金川集团跻身于世界大型现代化镍生产企业行列，有力提升了我国镍钴工业的整体水平。企业从创新文化、机制体制、人才培养、创新载体、创新投入等多方面为甘肃省新材料产业发展树立了典范：营造出了“人人都有创新的责任，人人都有创新的压力，人人都积极主动地为科技创新作贡献”的创新氛围；设立人才激励机制、加强人才培养机制、形成人才凝聚效应，组建了“镍钴及铂族金属产业战略联盟”，与中南大学等13所高校建立了新型企校合作关系，与4所大学共建了联合实验室，产学研攻关合作单位数量达到57个，2012年金川集团又与中国科学院、中国工程院、复旦大学等单位联合构建了协同创新平台和运作机制，企校联合科技攻关的深度和广度进一步拓展；形成了以企业为主体、市场为导向、产学研相结合的技术创新体系；研发经费占到产品销售收入的3%以上，“十一五”期间，金川集团投入62.7亿元，围绕传统产业改造升级和新兴产业培育发展，实施工艺技术联合攻关，依靠自主创新打造出核心竞争力。2013年年初，金川集团“复杂难处理镍钴资源高效利用关键技术与应用”项目、“金川镍矿高应力特大型金属矿床连续开采综合技术”项目分获2012年度国家科技进步奖一、二等奖，研究成果属世界首创，达到世界先进水平。

甘肃稀土公司高纯氧化铕、高性能稀土贮氢合金粉国家高技术产业化示范工程的建设大大提高了甘肃省稀土生产的技术水平，增强了产品的竞争力。酒钢集团的微合金高碳钢硬线、兰州炭素集团的石墨化半石墨化微孔炭砖、天水长城电工器材厂的钨基高压耐弧复合材料等进行了高技术产业化生产，推动了企业的产品结构调整和产品的档次，取得了良好的经济效益。

3）产业园区助推新材料强势发展

2003年，科技部批准在有色金属工业最为集中的兰州、金昌、白银地区成立国家级兰、白、金有色金属新材料产业基地。2008年4月，“国家火炬计划白银市有色金属新材料及制品产业基地”正式通过科技部批准认定。2008年5月，国家发改委决定在新材料产业发展具有优势和特色的金昌建设新材料产业国家高技术产业化基地。2009年，工业和信息化部批准金昌建立有色金属新材料国家新型工业化示范基地。国家级新材料产业基地这块响亮的品牌为甘肃省有色金属新材料产业的发展起到了有力的推动作用，并在一些领域形成了特色和规模，在市场上占有较大份额。

白银有色金属新材料产业基地建有亚洲最大的稀土冶炼、加工、分离和应用材料生产线，稀土分离技术在全国处于领先水平。基地年处理30 000吨氯化稀土分组加工能力，占全国总产量的24%，位居全国第一；年生产30吨的99.999%~99.9999%高纯氧化铕，占全国总产量的36%，位居全国第一；年生产2500吨稀土抛光粉，占全国总产量的17%，位居全国第二；年生产3000吨稀土金属，占全国总产量的10%，位居全国第二。该基地已形成稀土加工分离、稀土金属、稀土研磨材料、稀土贮氢材料、稀土磁性材料、荧光材料、氯碱化工等七大较为紧密的稀土新材料产业链条，可生产十大系列，100个品种，200多个规格的产品，主要产品生产能力占全国稀土总量的20%左右，氯化稀土产量居亚洲之首，列世界三强。其中，研磨材料产能2000吨，各种稀土金属产能2500吨，贮氢材料产能1200吨，钕铁硼永磁材料产能1000吨，发光材料产能100吨，2009年完成各类稀土产品2.6万吨。

兰州有色金属新材料产业基地以兰州铝业公司、连城铝业公司、兰州炭素集团、甘肃兰州西脉记忆合金公司等龙头企业为核心，构建了平安电解铝冶炼及加工基地、和平有色金属新材料研发及电池产业基地、连海煤电冶化循环经济产业基地和金崖钢铁与装备制造循环经济产业基地等四大冶金有色产业基地。

2. 新材料产业创新能力存在的问题

甘肃省新材料产业目前还存在着一些不容忽视的问题。基础材料生产能力相对较强，产业链短，加工能力弱，材料应用和后续加工少，产品附加值低。大部分新材料产品处于中低档次，缺少高精特产品，很多关键技术、前瞻性技术尚未突破。

1）产品技术含量低，高精特产品少

从事传统材料生产和简单加工的企业仍占主导地位，产品质量、能耗、综合利用等指标仍需进一步改进；进入新材料领域的中小企业基本沿着技术引进或模仿的轨迹发展，多数产品技术含量低、附加值不高，高、精、尖、特产品偏少。甘肃省工业产品深加工中高附加值产品仅占 10.1%，远低于全国 25.4% 的平均水平。

2）产业聚集度不高

甘肃省工业主要依靠资源依赖型的石油化工、钢铁和有色金属等传统支柱产业。传统产业比重高，新兴产业比重低，前者占甘肃省经济总量的 90%，后者不足 10%，产业链规模小，带动辐射能力不强。就材料领域而言，产业布局分散，中小企业发展缓慢，与大企业的关联度小，尚未形成集群发展态势，影响了新材料产业核心竞争力的形成和整体实力的提升。

3）自主创新能力不强、研发投入不足

新材料领域基础研究和应用基础研究未得到足够重视，开展的课题研究与甘肃省新材料产业发展需求严重脱节，部分成果未在省内落地，无法形成生产力；部分已经转化的成果因体制、资金等多方面的原因不能迅速形成规模，从而占领市场。在自主创新投入方面，甘肃省大中型企业研究开发经费只占销售收入的 1% 左右。设备投入不足，甘肃省已建立的企业技术中心大多面向生产一线服务，仅解决生产工艺、装备、产品质量等方面的技术问题，缺乏开展自主创新的设施和条件，研发新产品必备的工业试验手段不足。

4）产学研结合有待加强

中央和省属科研机构、大学拥有的科技资源没有得到高效配置和利用，与相关企业的有效对接不够；已建立的产学研组织比较分散、企业的主导作用不明显。新材料企业与大专院校、科研院所建立的合作规模偏小，缺少大项目，资金持续投入的能力不强；成果评价机制不健全、技术市场发育缓慢，成果效益较难实现；中试基地少且不完善，大学和科研机构寻找中试基地困难，中试资金大多无法落实等问题亟待解决。同时，促进产学研紧密结合的政策、措施不够完善，为中小企业提供服务的公共平台尚未建立。

第五节　甘肃省区域创新能力评价

美国经济学家熊彼特（Schumpeter）以“创新”来解释经济周期和经济发展，明确提出创新是经济发展的本质，创新的过程就是一种不断打破经济均衡的过程。因此，创新是一个系统的、动态的、突变和渐进相结合的过程，它不能仅仅理解为技术的推动过程或者是一项独立的事件，更不能把它简单理解成产品或工艺的改良。

一　区域创新能力的构成

如果我们把创新定义为“成功地利用新知识”，那么区域创新就是“区域成功地利用新知识”，区域创新能力就是区域成功地利用新知识的能力。这种创新能力是由以下几种不同的能力构成的。

1. 知识创造的能力

想要利用新的知识，首先必须进行知识的创造。知识的创造能力，就是指不断创造新的知识的能力。人类的进步是知识不断创造并用于生产和生活中的结果。知识创造的过程，是一个通过科技研究开发机构、通过人力资源和科研经费的投入而实现的过程。因此，科研经费的投入、人员的投入、知识创造主体的参与是一个地区知识创造能力的决定性因素。

2. 知识获取的能力

知识获取的能力，即不断地利用一切可用知识的能力和知识在各创新单位之间流动的能力。一个地区的创新能力不仅仅取决于知识的创造能力，在一定程度上还取决于是否能运用其他地区的成果，取决于各个部门能否进行很好的合作，能否分享知识。

3. 企业的技术创新能力

现有的研究表明，创新的本质是经济活动，市场经济体制是推动创新得以持续的最好的制度体系。企业是创新的基本组织和实施单位。因此，在创新中企业有着至关重要的作用，是区域创新的直接推动者。

4. 创新的环境

在一个地区的创新活动中，环境是不可忽视的重要因素。它包括基础设施水平、劳动者素质、本地区的创业水平、经济环境的好坏、市场的大小及科技软环境等各个方面。在市场经济的条件下，要衡量地方政府对创新工作的支持程度，很重要的一点就是如何营造一个有利于创新主体进行创新的良好环境。

5. 创新的经济绩效

一个地区的经济发展水平决定着地区的创新能力。经济越发达的地区，对创新的投入就会越多，创新的制度环境会越好，对创新的需求拉动也越强；反之，则越弱。有效的创新活动可以促进经济的繁荣，提高人民的生活水平。企业的创新能力与宏观经济绩效之间也存在着互动关系。企业的创新能力决定着一个地区 GDP 水平及人们的收入水平，而 GDP 高的地区，又反过来为企业创新提供了一个大市场、大环境，促进着企业的创新（图 3-35）。

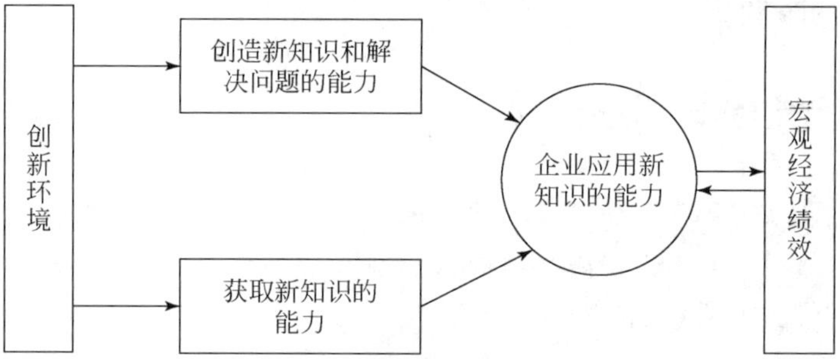

图 3-35　区域创新能力构成

二 区域创新能力评价指标体系

根据《中国区域创新能力报告 2012》，对比分析甘肃省和北京、上海、河南、四川、陕西五省（直辖市）的区域创新能力。本书确定了包括知识创造、知识获取、企业创新、创新环境和创新绩效五大类 141 项指标作为评价的原始指标。其中，第一层是知识创造评价指标；第二层次是知识获取评价指标；第三层次是企业创新评价指标；第四层次是创新环境评价指标；第五层次是创新绩效评价指标。各个层次具体指标如表 3-21 ~ 表 3-25 所示①。

表 3-21　知识创造指标

知识创造指标	研究与试验发展全时人员当量
	每万人平均研究与试验发展全时人员当量
	研究与试验发展全时人员当量增长率
	政府研发投入
	政府研发投入占 GDP 的比例
	政府研发投入增长率

① 表 3-21 ~ 表 3-25 各项指标资料均来源于《中国区域创新能力报告 2012》。

续表

知识创造指标	发明专利申请受理数
	每十万人平均发明专利申请受理数
	发明专利申请受理数增长率
	每亿元研发活动经费内部支出产生的发明专利申请数
	发明专利授权数
	每百万人平均发明专利授权数
	发明专利授权数增长率
	每亿元研发活动经费内部支出产生的发明专利授权数
	国内论文数
	每十万人平均发表的国内论文数
	国内论文数增长率
	国际论文数
	每十万人平均发表的国际论文数
	国际论文数增长率

表 3-22　知识获取指标

知识获取指标	作者同省异单位科技论文数
	每十万人作者同省异单位科技论文数
	同省异单位科技论文增长率
	作者异省合作科技论文数
	每十万人作者异省科技论文数
	作者异省科技论文数增长率
	作者异国合作科技论文数
	每百万人作者异国科技论文数
	作者异国科技论文数增长率
	高校和科研院所研发经费内部支出额中来自企业的资金
	高校和科研院所研发经费内部支出额中来自企业资金的比例
	高校和科研院所研发经费内部支出额中来自企业资金增长率
	技术市场交易金额（按流向）
	技术市场企业平均交易额（按流向）
	技术市场交易金额的增长率（按流向）
	大中型工业企业国内技术成交金额
	大中型工业企业平均国内技术成交金额

续表

知识获取指标	大中型工业企业国内技术成交金额增长率
	大中型工业企业国外技术引进金额
	大中型工业企业平均国外技术引进金额
	大中型工业企业国外技术引进金额增长率
	外商投资企业年底注册资金中外资部分
	人均外商投资企业年底注册资金中外资部分
	外商投资企业年底注册资金中外资增长率

表 3-23　企业创新指标

企业创新指标	大中型工业企业研究开发人员数
	大中型工业企业就业人员中研究开发人员比重
	大中型工业企业研究开发人员数增长率
	大中型工业企业研发活动经费内部支出总额
	大中型工业企业研发活动经费内部支出总额占销售收入的比例
	大中型工业企业研发活动经费内部支出总额增长率
	大中型工业企业技术中心或研究所数量
	大中型工业企业中有科技机构的企业占总企业数的比例
	大中型工业企业技术中心或研究所数量增长率
	企业实用新型专利申请数
	每十万人平均实用新型专利申请数
	实用新型专利申请增长率
	外观设计专利申请数
	每十万人平均外观设计专利申请数
	外观设计专利申请增长率
	大中型工业企业研发经费外部支出总额
	大中型工业企业平均研发经费外部支出总额
	大中型工业企业平均研发经费外部支出总额增长率
	大中型工业企业技术改造的投入额
	大中型工业企业技术改造的平均投入额
	大中型工业企业技术改造的投入增长率
	大中型工业企业新产品销售收入
	大中型工业企业新产品销售收入占销售收入的比重
	大中型工业企业新产品产值增长率

表 3-24　创新环境指标

创新环境指标	电话用户数
	每百人平均电话用户
	电话用户数增长率
	国际互联网络用户数
	每百人平均国际互联网络用户
	国际互联网络用户数增长率
	政府财政支出
	政府财政支出占 GDP 的比重
	政府财政支出增长率
	进出口差额
	进出口差额占工业总产值的比例
	进出口差额增长率
	国内固定资产投资额
	人均国内固定资产投资额
	国内固定资产投资增长率
	居民消费水平
	居民消费水平增长率
	教育经费支出
	对教育的投资占 GDP 的比例
	对教育投资的增长率
	每十万人口中大专及以上教育程度人口数（抽样数）
	每十万人口中大专及以上教育程度人口所占的比例
	每十万人口中大专及以上教育程度人口增长率
	国家创新基金获得资金
	平均每项目国家创新基金获得资金
	国家创新基金获得资金增长率
	地方创新基金匹配资金
	地方创新基金匹配资金增长率
	大中型工业企业研发活动获得金融机构贷款额
	大中型工业企业研发活动平均获得金融机构贷款额
	大中型工业企业研发活动获得金融机构贷款增长率
	高新技术企业数
	高新技术企业数占大中型工业企业数比重
	高新技术企业数增长率

表 3-25 创新绩效指标

创新绩效指标	地区 GDP
	人均 GDP 水平
	地区 GDP 增长率
	第三产业增加值
	第三产业增加值占 GDP 的比例
	第三产业增加值增长率
	信息产业产值
	信息产业产值增长率
	高新技术产业产值
	高新技术产业产值占工业总产值的比例
	高新技术产业产值增长率
	出口额
	出口额占 GDP 的比重
	出口额的增长率
	城镇登记失业率
	城镇登记失业率增长率
	高新技术产业就业人数
	高新技术产业就业人数占总就业人数的比例
	高新技术产业就业人数增长率
	每万元 GDP 能耗总量
	每万元 GDP 能耗降低率
	电耗总量
	每万元 GDP 电耗总量
	电耗总量增长率
	工业污水排放总量
	每万元 GDP 工业污水排放量
	工业污水排放总量增长率
	工业废气排放总量
	每亿元 GDP 工业废气排放总量
	工业废气排放总量增长率

三 区域创新能力综合评价结果

（一）综合指标

2012年，甘肃省区域创新能力全国排名第27位，其中知识创造能力排名第23位、知识获取能力排名第14位、企业技术创新能力排名第24位、技术创新环境与管理能力排名第30位、创新的经济效益排名第29位（表3-26）。目前，甘肃区域创新能力较弱，尤其是在知识创造、企业技术创新、创新环境、创新绩效等方面上处于薄弱状态，今后应在增加研发投入、提升企业技术创新能力、改善优化创新环境、提高创新的投入产出效率等方面做出努力。

表3-26　2012年创新能力综合指标

地区	综合值		知识创造综合指标		知识获取综合指标		企业技术创新综合指标		技术创新环境与管理综合指标		创新的经济效益综合指标	
	指标值	排名	指标值	排名	指标值	排名	指标值	排名	指标值	排名	指标值	排名
甘肃	19.70	27	15.96	23	23.97	14	20.78	24	15.21	30	23.55	29
北京	46.11	3	70.03	1	44.35	3	38.24	9	41.33	2	45.3	4
上海	42.28	4	41.01	4	62.32	1	41.19	5	27.49	8	48.05	3
河南	25.26	18	22.75	11	17.80	23	28.92	17	21.49	17	32.90	21
陕西	27.84	14	29.53	7	23.37	16	27.38	18	27.09	10	31.42	23
四川	28.35	12	27.17	9	28.41	8	28.99	16	24.47	11	33.22	19

（二）指标分析

2012年，甘肃省知识创造能力排名全国第23位，其中研发投入排名第24位、专利排名第23位、科研论文排名第13位。从研发投入和专利申请量来看，甘肃省与全国排名第1位的北京市相差甚远，与西部的陕西省差距也较大，说明甘肃省知识创造能力不强，知识保护意识相对淡薄。但是科研论文产出量高于四川省，处于全国上游水平，说明甘肃省在基础研究领域具有一定的优势（表3-27）。

表3-27　2012年知识创造综合指标值

地区	知识创造综合指标		研究开发投入		专利		科研论文	
	指标值	排名	指标值	排名	指标值	排名	指标值	排名
甘肃	15.96	23	10.49	24	11.87	23	35.08	13

续表

地区	知识创造综合指标		研究开发投入		专利		科研论文	
	指标值	排名	指标值	排名	指标值	排名	指标值	排名
北京	70.03	1	82.8	1	64.17	1	56.22	1
上海	41.01	4	37.86	3	46.17	4	37.00	9
河南	22.75	11	14.79	18	17.95	14	48.28	3
陕西	29.53	7	26.86	7	23.98	10	45.99	5
四川	27.17	9	30.07	6	20.97	12	33.76	18

2012 年，甘肃省知识获取能力全国排名第 14 位，处于全国中上游水平，略高于河南省和陕西省。其中科技合作排名第 10 位、技术转移排名第 14 位、外资企业投资排名第 19 位。科技合作处于全国上游水平，略高于河南省和陕西省，说明甘肃省科技合作范围、层次和水平提升。技术转移能力高于河南省和四川省，说明甘肃省吸纳和转化应用外部先进技术的能力较强。外资企业投资高于陕西省，处于全国中下游水平，说明甘肃引进国外先进技术的能力较强（表 3-28）。

表 3-28　2012 年知识获取综合指标值

地区	知识获取综合指标		科技合作		技术转移		外资企业投资	
	指标值	排名	指标值	排名	指标值	排名	指标值	排名
甘肃	23.97	14	42.57	10	19.20	14	13.60	19
北京	44.35	3	61.55	1	37.57	3	36.53	5
上海	62.32	1	51.37	4	54.13	1	76.68	1
河南	17.80	23	34.00	19	6.58	29	14.06	17
陕西	23.37	16	34.64	18	31.45	7	8.85	26
四川	28.41	8	44.87	8	15.23	19	25.94	8

2012 年，甘肃省企业创新能力全国排名第 24 位，其中企业研发投入排名第 26 位、设计能力排名第 21 位、制造和生产能力排名第 18 位、新产品销售收入排名第 24 名。甘肃省企业研发投入低于其他 5 省（直辖市），说明甘肃省企业创新能力不强，用于科技研发的投入甚少。设计能力不强，与西部的陕西省也相差较远。制造和生产能力略高于河南省，处于全国中下游水平。新产品销售收入不高，说明甘肃省企业创新对经济效益的提升不明显（表 3-29）。

表 3-29 2012 年企业创新综合指标值

地区	企业创新综合指标		企业研发投入		设计能力		制造和生产能力		新产品销售收入	
	指标值	排名	指标值	排名	指标值	排名	指标值	排名	指标值	排名
甘肃	20.78	24	27.45	26	10.05	21	24.22	18	18.99	24
北京	38.24	9	49.88	8	40.27	7	45.71	4	20.26	20
上海	41.19	5	50.76	6	52.24	4	31.55	11	30.69	8
河南	28.92	17	42.68	14	17.93	15	19.37	27	28.85	9
陕西	27.38	18	41.00	16	19.28	14	26.21	16	19.95	21
四川	28.99	16	30.86	21	23.19	11	35.07	8	26.92	11

2012 年，甘肃省创新环境全国排名第 30 位，其中创新基础设施排名第 28 位、市场环境排名第 29 位、劳动者素质排名第 8 位、金融环境排名第 31 位、创业水平排名第 26 位。甘肃省创新基础设施、市场环境、金融环境、创业水平等都处于全国末位，说明甘肃省创新环境严重影响着创新能力的提升，亟待改善和优化。但是劳动者素质较高，为甘肃省科技创新提供了强有力的智力支撑（表 3-30）。

表 3-30 2012 年创新环境综合指标值

地区	创新环境综合指标		创新基础设施		市场环境		劳动者素质		金融环境		创业水平	
	指标值	排名	指标值	排名	指标值	排名	指标值	排名	指标值	排名	指标值	排名
甘肃	15.21	30	6.61	28	21.98	29	28.19	8	1.08	31	18.21	26
北京	41.33	2	16.29	4	28.66	21	54.67	1	51.64	2	55.39	3
上海	27.49	8	12.11	9	36.19	10	34.34	2	19.29	13	35.54	8
河南	21.49	17	9.67	15	35.25	12	23.23	18	14.48	20	24.82	20
陕西	27.09	10	9.03	18	33.57	14	29.08	7	29.33	6	34.43	9
四川	24.47	11	9.89	14	38.92	8	31.05	5	14.21	21	28.28	15

2012 年，甘肃省创新绩效全国排名第 29 位，其中宏观经济排名第 30 位、产业结构排名第 30 位、产业国际竞争力排名第 31 位、就业排名第 23 位、可持续发展与环保排名第 16 位。宏观经济、产业结构、产业国际竞争力等全国排名末位，说明甘肃省区域创新能力的投入与产出效率低，区域创新活动促进经济发展的作用不明显。但是可持续发展与环保水平高于河南和四川省，说明甘肃省生态脆弱区在发展经济的同时更加注重可持续发展与环境保护（表 3-31）。

表 3-31　2012 年创新绩效综合指标值

地区	创新绩效综合指标		宏观经济		产业结构		产业国际竞争力		就业		可持续发展与环保	
	指标值	排名	指标值	排名	指标值	排名	指标值	排名	指标值	排名	指标值	排名
甘肃	23.55	29	10.25	30	9.13	30	3.21	31	24.12	23	71.07	16
北京	45.3	4	56.13	4	39.55	4	6.96	29	37.47	11	86.4	1
上海	48.05	3	54.64	6	49.45	3	35.66	5	20.32	26	80.19	5
河南	32.90	21	32.85	15	13.31	24	13.74	16	40.38	7	64.20	22
陕西	31.42	23	34.85	13	17.87	17	9.76	25	20.29	27	74.34	9
四川	33.22	19	29.20	18	22.62	11	15.54	15	27.87	20	70.89	17

（三）创新能力蛛网图比较

甘肃省与北京市相比较，区域创新能力相差甚远。差距最大的是知识创造能力，其余依次是创新环境、创新绩效、知识获取、企业技术创新能力（图 3-36）。

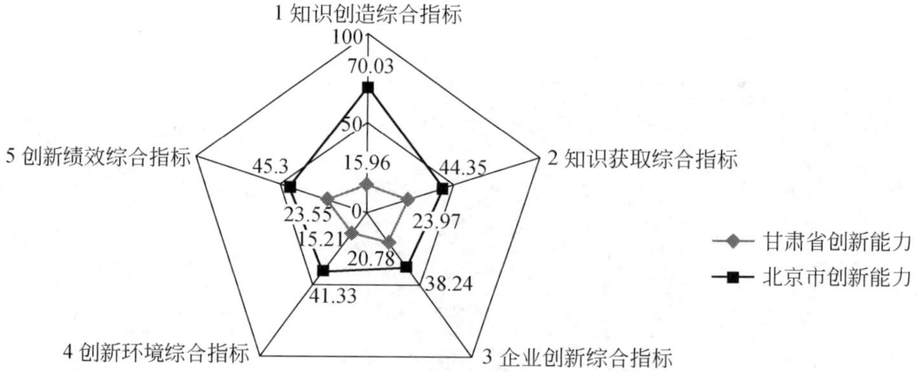

图 3-36　甘肃省与北京市创新能力蛛网图

甘肃省与上海市相比较，区域创新能力差距巨大。差距最大的是知识获取能力，其余其次是知识创造、创新绩效、企业技术创新能力、创新环境（图 3-37）。

甘肃省与河南省相比较，区域综合创新能力差距较大。差距最大的是创新绩效，其余依次是企业技术创新能力、知识创造、创新环境。而在知识获取能力方面（图 3-38）。

甘肃省与陕西省相比较，区域综合创新能力差距较大。差距最大的是知识创造能力，其余依次是创新环境、创新绩效、企业技术创新能力。而在知识获取能力方面，甘肃省与陕西省基本相当（图 3-39）。

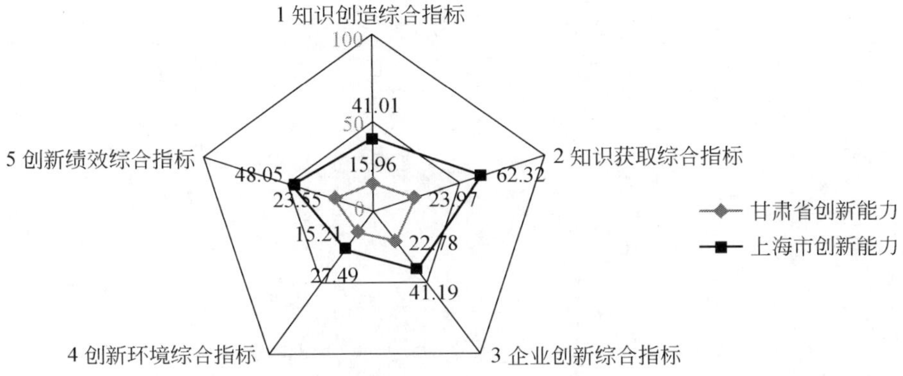

图 3-37 甘肃省与上海市创新能力蛛网图

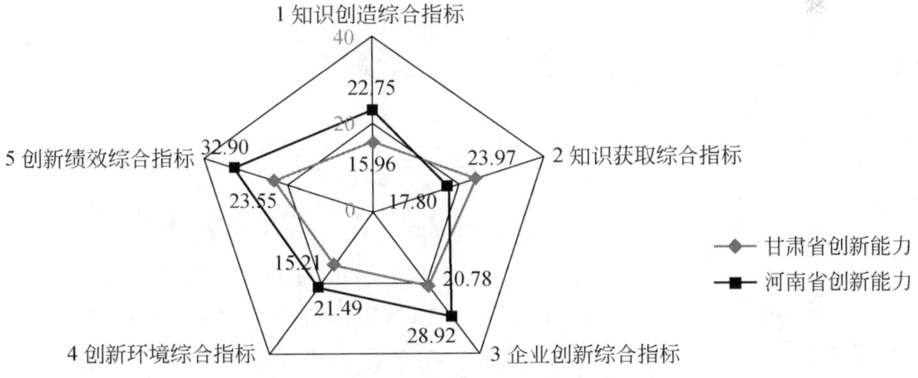

图 3-38 甘肃省与河南省创新能力蛛网图

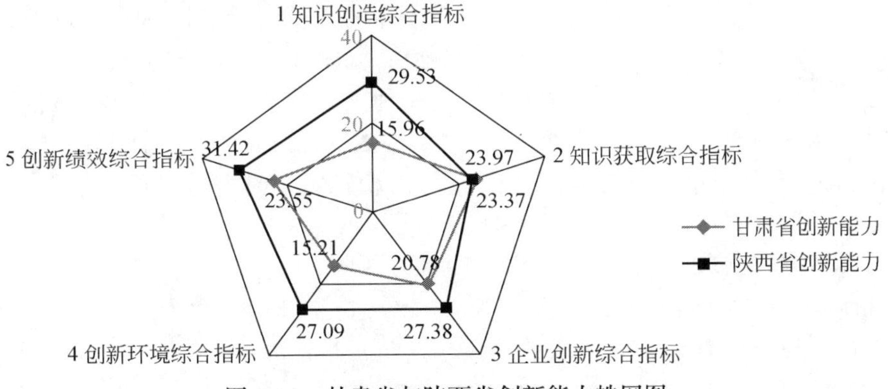

图 3-39 甘肃省与陕西省创新能力蛛网图

甘肃省与四川省相比较，区域综合创新能力差距较大。差距最大的是知识创造能力，其余依次是创新绩效、创新环境、企业技术创新能力、知识获取能力方面（图 3-40）。

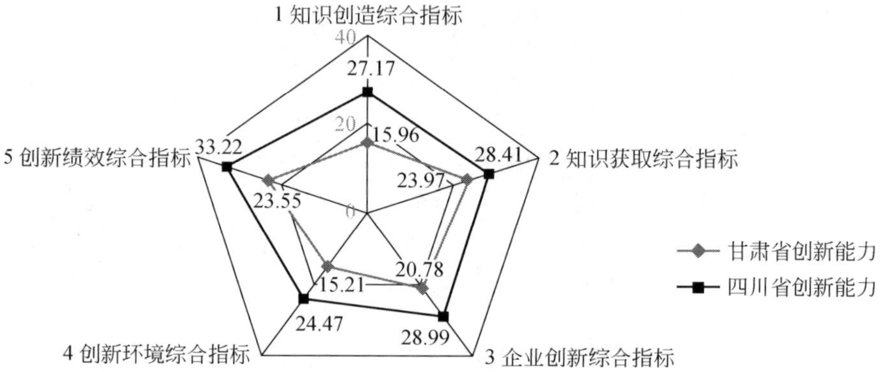

图 3-40　甘肃省与四川省创新能力蛛网图

四　区域创新能力分析

（一）知识创造能力

1. 研发人员规模小，数量仅占北京的 11.03%，占陕西的 31.1%

2010 年，甘肃省研究与试验发展全时人员当量 21 661.0 人年，北京、上海、河南、陕西、四川分别为 193 718.4 人年、134 952.3 人年、101 467.4 人年、73 217.8人年、83 800.3 人年，分别是甘肃省研究与试验发展全时人员当量的 8.94 倍、6.23 倍、4.68 倍、3.38 倍、3.87 倍。与 2009 年相比，甘肃、北京、上海、河南、陕西、四川的研究与试验发展全时人员当量增长率分别为 4.91%、1.08%、15.59%、16.43%、4.07%、2.20%。甘肃省平均研究与试验发展全时人员当量为 8.46 人年/万人，只占北京、上海的 8.57%、14.43%，与西部地区的陕西、四川相比，分别是陕西、四川的 43.16% 和 81.19%。甘肃省研究与试验发展全时人员当量、每万人平均研究与试验发展全时人员当量均较低，分别居全国的第 25 位、第 24 位（图 3-41）。

2. 政府研发投入占 GDP 比例低，仅为 0.39%

2010 年，甘肃省政府研发投入为 16.27 亿元，居全国第 22 位，增长率为 14.87%。与全国其他地区相比仍然较低，分别是北京、上海、河南、陕西、四川政府研发投入的 3.45%、11.40%、51.31%、12.42%、10.88%。2011 年，甘肃政府研发投入占 GDP 的比例为 0.39%，陕西、四川的政府研发投入占 GDP 的比例分别为 1.29%、0.87%，甘肃省政府研发投入占 GDP 的比例偏低（表 3-32）。

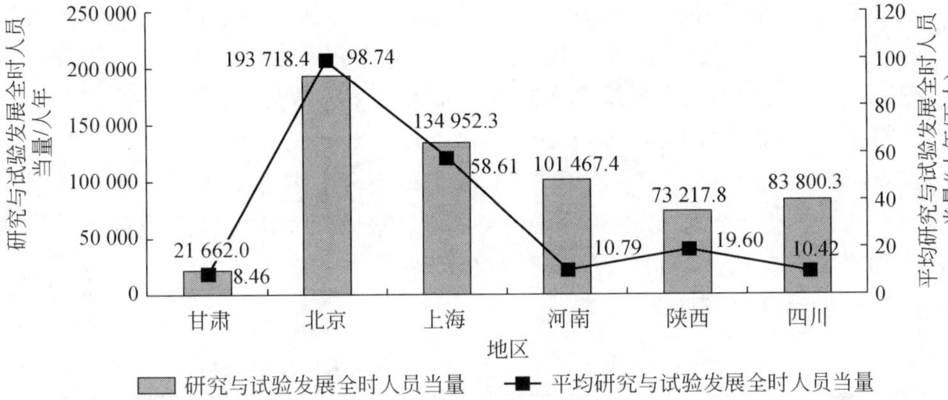

图 3-41　2010 年甘肃省及部分省（直辖市）研究与试验发展全时人员

表 3-32　2010 年甘肃省及部分省（直辖市）政府研发投入

地区	甘肃	北京	上海	河南	陕西	四川
政府研发投入/亿元	16.27	472.07	142.78	31.71	131.00	149.50
政府研发投入占 GDP 的比例/%	0.39	3.34	0.83	0.14	1.29	0.87
政府研发投入增长率/%	14.87	35.07	26.44	14.24	13.68	43.19

3. 发明专利申请量增长较快，但总量偏低

2010 年，甘肃省发明专利申请受理数为 1412 件，全国排名第 24 位，分别占北京、上海、河南、陕西、四川发明专利申请受理数 33 466 件、26 165 件、6408 件、8138 件、8342 件的 4.2%、5.4%、22.03%、17.35%、16.93%。同年，甘肃省发明专利授权数为 349 件，分别占北京、上海、河南、陕西、四川发明专利授权数的 3.11%、5.08%、23.30%、18.49%、15.83%。甘肃、北京、上海、河南、陕西、四川发明专利授权数分别占发明专利申请受理数的 24.72%、33.49%、26.24%、23.38%、23.19%、26.42%（图 3-42）。

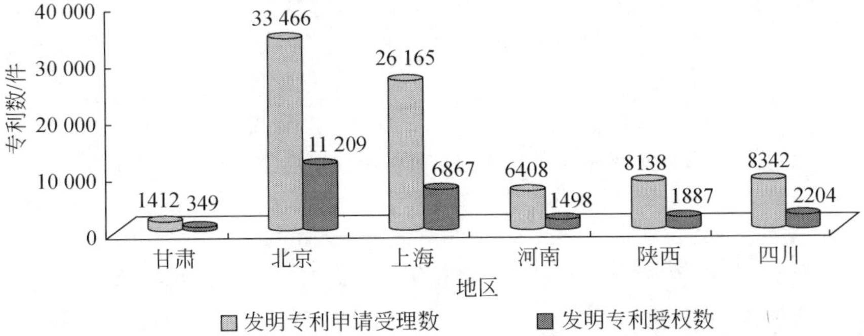

图 3-42　2010 年甘肃省及部分省（直辖市）发明专利数

甘肃省每10万人平均发明专利申请受理数为5.52件，每100万人平均发明专利授权数为13.63件，全国排名分别为第21位和第22位。北京、上海、河南、陕西、四川每10万人平均发明专利申请受理数和每100万人平均发明专利授权数分别是甘肃省的30.90倍、20.59倍、1.23倍、3.95倍、1.88倍和41.92倍、21.88倍、1.17倍、3.71倍和2.01倍。2010年，甘肃省发明专利申请受理数增长率和发明专利授权数增长率分别为34.13%和26.18%，全国排名分别为第8位和第23位。这说明甘肃省发明专利申请受理数增长较快，发明专利授权数有待进一步提高（表3-33）。

表3-33　2010年甘肃省及部分省（直辖市）发明专利

地区	甘肃	北京	上海	河南	陕西	四川
平均发明专利申请受理数/（件/10万人）	5.52	170.58	113.63	6.81	21.79	10.37
平均发明专利授权数/（件/100万人）	13.63	571.33	298.22	15.93	50.52	27.40
发明专利申请受理数增长率/%	34.13	22.91	19.84	33.89	50.20	35.44
发明专利授权数增长率/%	26.18	32.68	28.67	40.12	35.84	38.90

2010年，甘肃省每亿元研发活动经费内部支出产生的发明专利申请数为33.67件，高于四川省的31.57件，低于陕西省的37.42件，全国排名第18位。甘肃省每亿元研发活动经费内部支出产生的发明专利授权数为8.32件，分别低于陕西、四川的8.68件、8.34件，全国排名第17位（图3-43）。

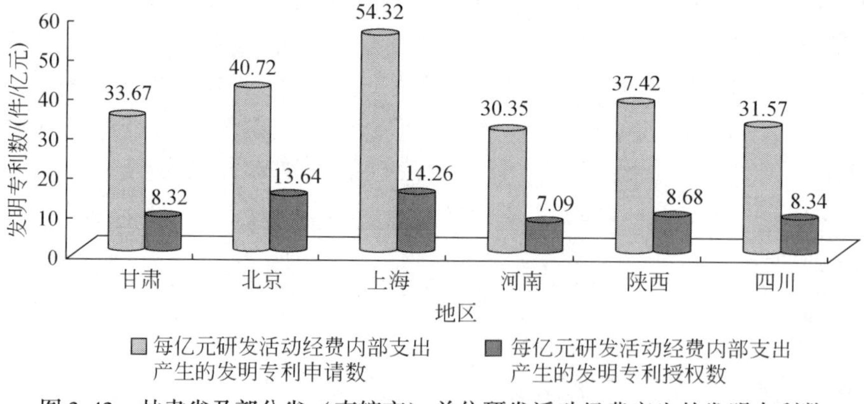

图3-43　甘肃省及部分省（直辖市）单位研发活动经费产生的发明专利数

4. 论文产出能力较强，基础研究具有一定优势

2010年，甘肃省发表的国内论文数和国外论文数分别为8432篇和3793篇，全国排名分别为第21位和第20位；每10万人平均发表的国内论文数为32.94篇，居全国第15位；每10万人平均发表的国际论文数为5.27篇，居全国第3

位。这说明甘肃省的科技论文产出居全国优势地位（表3-34）。

表3-34 2010年甘肃省及部分省（直辖市）论文发表数

地区	甘肃	北京	上海	河南	陕西	四川
国内论文数/篇	8 432	68 368	38 853	23 048	27 422	23 876
国际论文数/篇	3 793	48 554	20 566	4 774	13 546	10 058
平均发表的国内论文数/(篇/10万人)	32.94	348.48	168.73	24.50	73.41	29.68
平均发表的国际论文数/(篇/10万人)	5.27	4.28	4.11	2.46	6.26	3.68
国内论文数量增长率/%	11.15	5.86	12.34	11.88	3.95	9.27
国际论文数量增长率/%	19.50	11.53	8.88	41.77	19.98	18.00

（二）知识获取能力

1. 科研论文合作交流能力较强

2010年，甘肃省的科研论文数量在全国处于前列，每10万人作者同省异单位科技论文数为2.15篇，全国排名第5位。每10万人作者异省科技论文数为1.53篇，全国排名第4位；每百万人作者异国科技论文数为0.89篇，全国排名第4位（图3-44）。

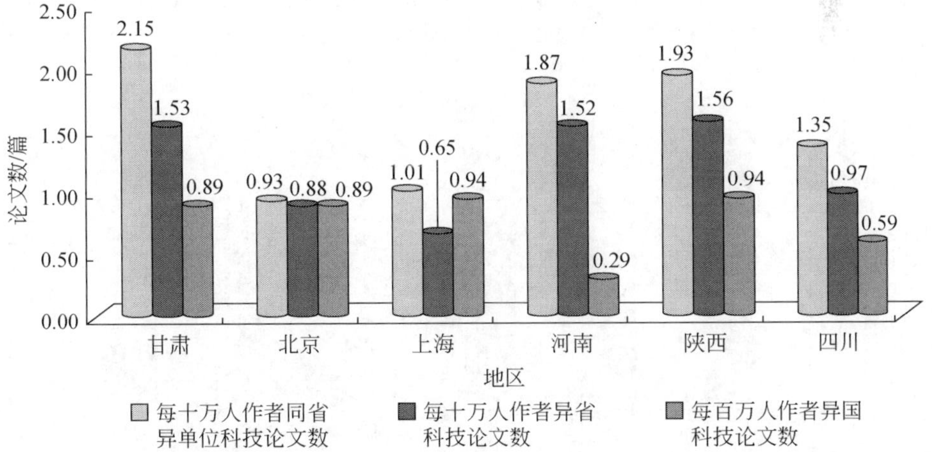

图3-44 甘肃省与部分省（直辖市）科研论文情况比较

2. 高校和科研机构与企业的技术合作不够

高校和科研院所研发经费内部支出中来自企业的资金额相对较小，2010年，甘肃省获得的资金为32 564.99万元，在国内排名第17位，处于中游水平。而同年，北京市的高校和科研院所研发经费内部支出中来自企业的资金额是甘肃省的10.9倍，西部陕西省的金额为85 395.53万元，是甘肃省的2.6倍之多（图3-45）。

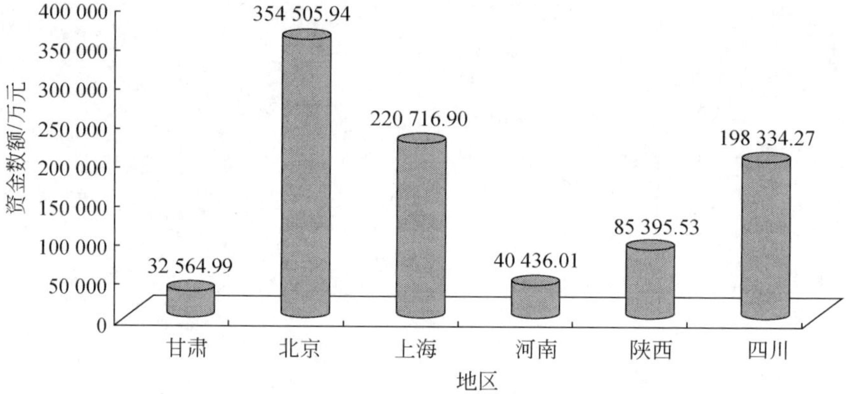

图3-45　甘肃省与部分省（直辖市）高校和科研院所研发经费内部支出中来自企业的资金额比较

3. 技术交易和技术引进相对活跃

技术交易额处于下游水平。2010年，甘肃省技术市场交易金额为307 727.25万元，增长率是10.18%。企业平均交易额为124.99万元/项，在国内排名为第17位，比北京、上海略低，北京的交易额为149.22万元/项，上海为136.21万元/项，高于陕西、四川、河南等省（图3-46）。

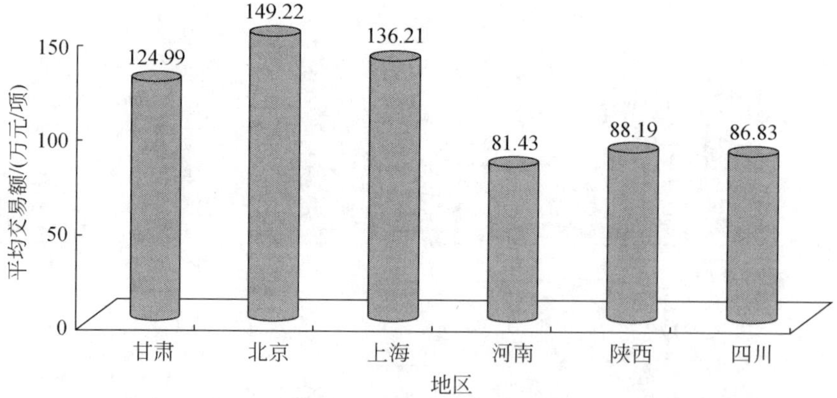

图3-46　甘肃省与部分省（直辖市）技术市场企业平均交易额

大中型工业企业平均国内技术成交额较高，2010年甘肃省为134.72万元/项，在国内排名第3位，远远高于北京、上海、四川和河南；大中型工业企业平均国外技术引进额为191.97万元/项，在全国排名第4位，低于上海的349.11万元/项和北京的292.99万元/项（图3-47）。

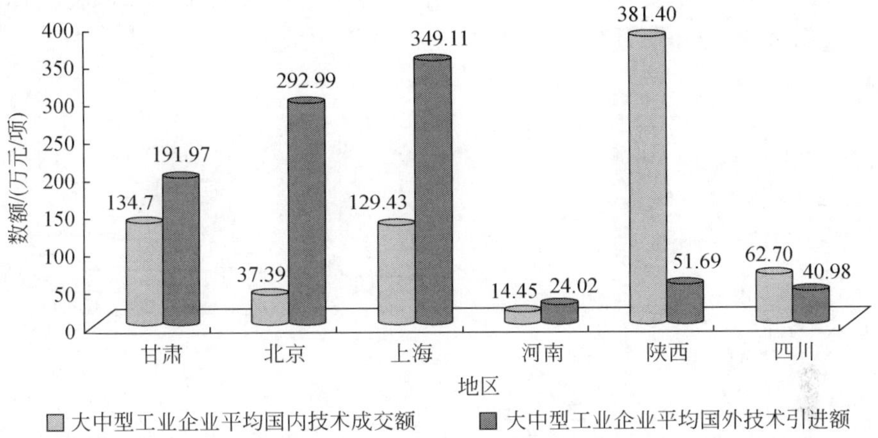

图 3-47 甘肃省与部分省（直辖市）大中型工业企业平均国内技术成交额和国外技术引进额

4. 企业吸引外商投资比例较低

外商投资企业年底注册资金中的外资部分比例较低，2010 年，甘肃省的外资部分为 18. 59 亿美元，在全国排名第 28 位，远远低于上海市的 1639. 76 亿美元和北京市的 578. 61 亿美元；和陕西省的 83. 06 亿美元和四川省的 259. 34 亿美元相比也有差距（图 3-48）。

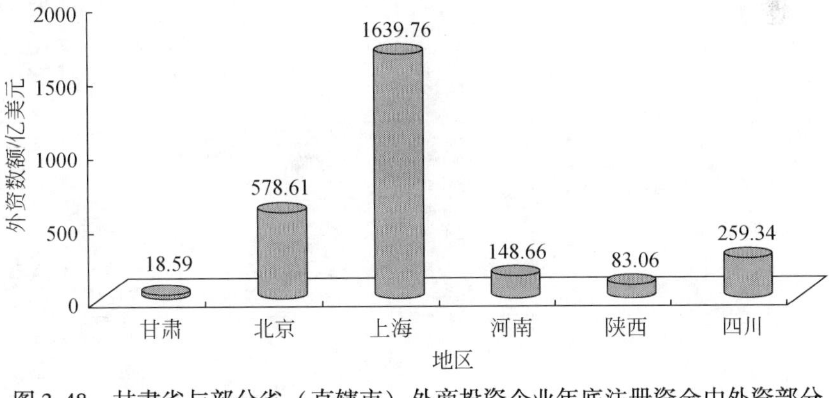

图 3-48 甘肃省与部分省（直辖市）外商投资企业年底注册资金中外资部分

（三）企业创新能力

1. 企业研究开发人员力量薄弱

大中型工业企业研究开发人员数及其增长率较低。2010 年，甘肃省大中型工业企业研究开发人员数为 1. 25 万人，全国排名第 24 位；甘肃省大中型工业企业研究开发人员增长率仅为 0. 12%。数据表明甘肃省大中型工业企业中研发人员规模及研发人员增长率均很低，与东中部地区的差距还很大，即使与西部地区相比也没有明显的优势（图3-49）。

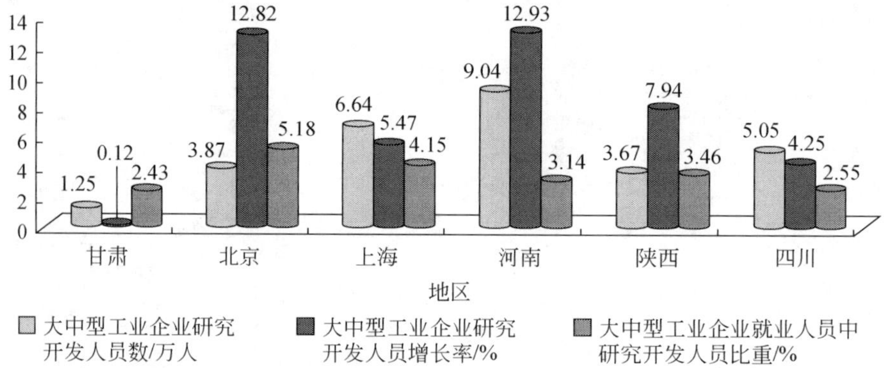

图3-49　甘肃省与部分省（直辖市）大中型工业企业研究开发人员情况

2. 企业研发活动经费投入总量小

2010年，甘肃省大中型工业企业研发活动经费内部支出总额为20.87亿元，居全国第25位，远远低于上海、河南、四川、北京和陕西等省（直辖市）。这说明甘肃省大中型工业企业研发活动经费投入严重不足（图3-50，图3-51）。

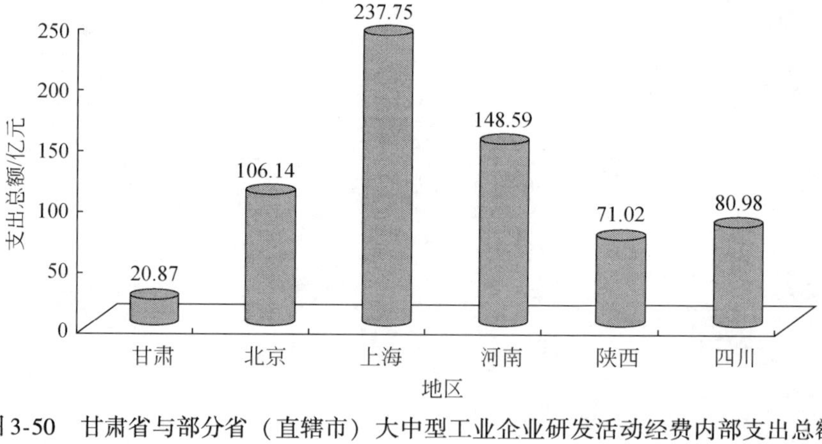

图3-50　甘肃省与部分省（直辖市）大中型工业企业研发活动经费内部支出总额

3. 企业科技机构数量少，比例低

2010年，甘肃省大中型工业企业中有科技机构的企业占总企业的比例为25.64%，低于北京、上海、陕西等省（直辖市），但高于河南省和四川省（图3-52，图3-53）。

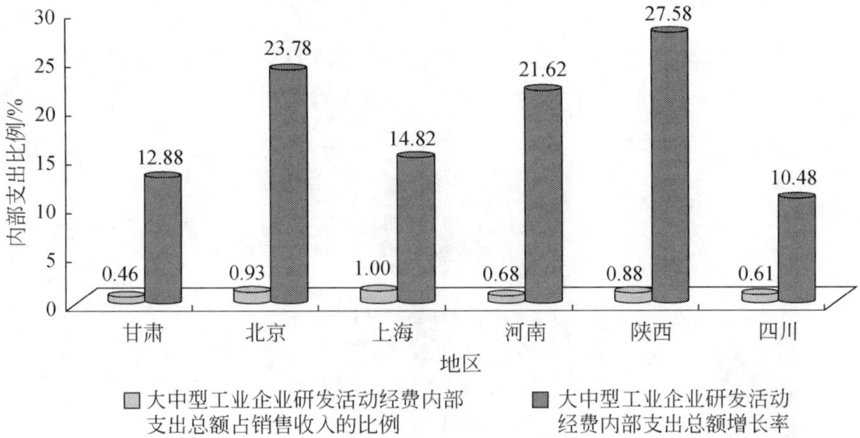

图 3-51　甘肃省与部分省（直辖市）大中型工业企业研发活动经费内部支出

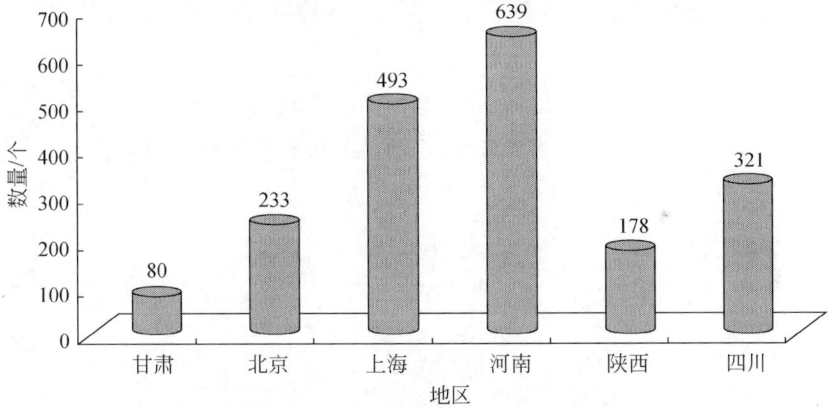

图 3-52　甘肃省与部分省（直辖市）大中型工业企业技术中心或研究所数量

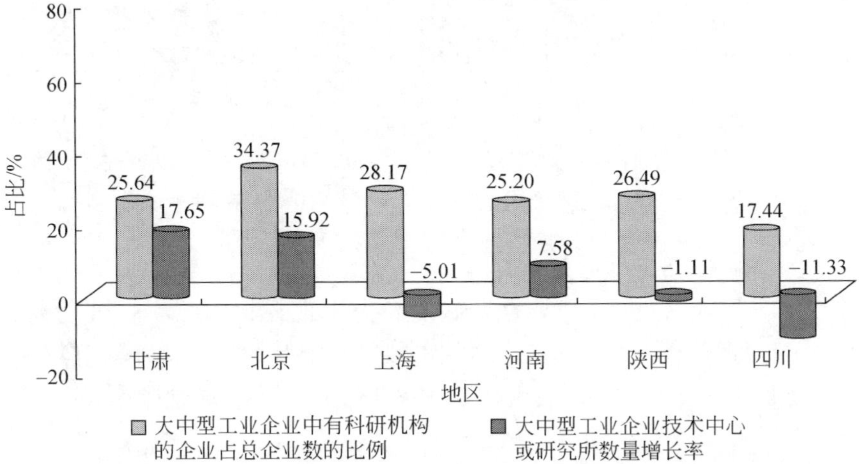

图 3-53　甘肃省与部分省（直辖市）大中型工业企业技术开发机构状况

4. 企业专利申请少，核心竞争力弱

2010 年，甘肃省实用新型专利申请数和外观设计专利申请数分别为 1592 件和 554 件，远远低于上海、四川、北京、河南和陕西等省（直辖市），说明甘肃省自主创新能力和申请专利的意识不强（图 3-54，图 3-55）。

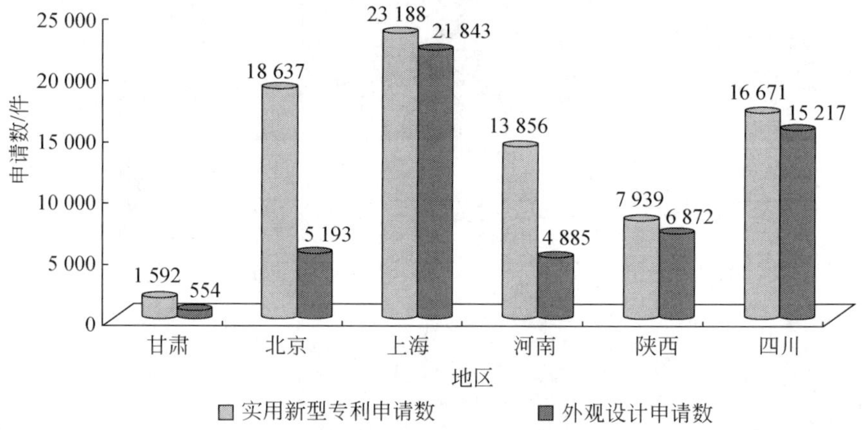

图 3-54　甘肃省与部分省（直辖市）专利申请数

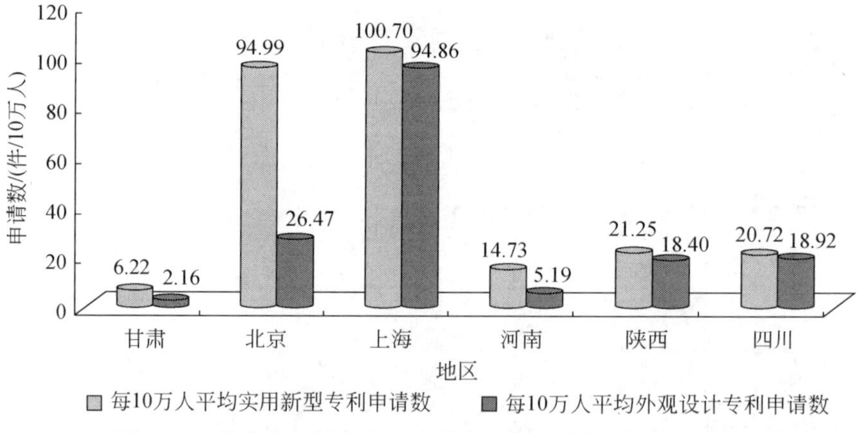

图 3-55　甘肃省与部分省（直辖市）每 10 万人专利申请数

5. 企业研发经费外部支出偏低

2010 年，甘肃省大中型工业企业研发经费外部支出总额为 3. 28 亿元，全国排名第 22 位，远低于上海、北京、河南、四川和陕西等省（直辖市）。甘肃省大中型工业企业平均研发经费外部支出 105. 18 万元/个，居全国第 7 位，高于陕西、四川、河南等省（直辖市）（图 3-56）。

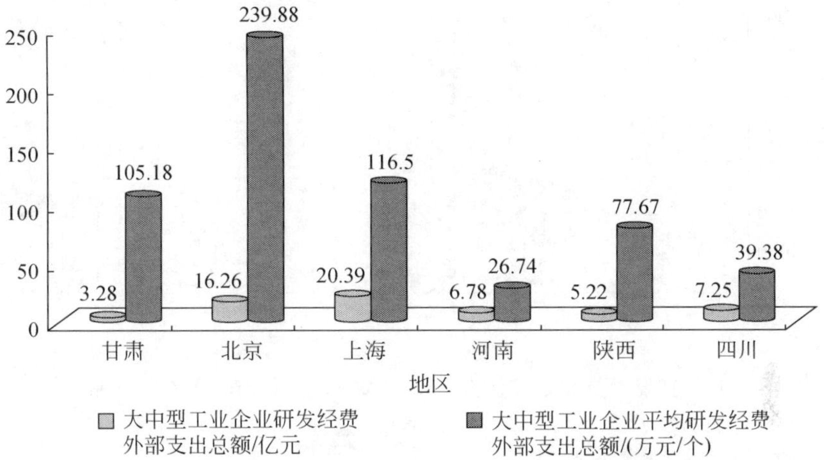

图 3-56　甘肃省与部分省（直辖市）大中型工业企业研发经费外部支出情况

6. 企业技术改造投入差距较大

2010 年，甘肃省大中型工业企业技术改造投的投入额为 371 699. 2 万元，居全国第 25 位，远低于四川、河南、上海、北京和陕西等省（直辖市）。这说明甘肃省大中型工业企业的数量较少，另外也体现出甘肃省政府对大中型企业技术改造的重视程度不足（图 3-57）。

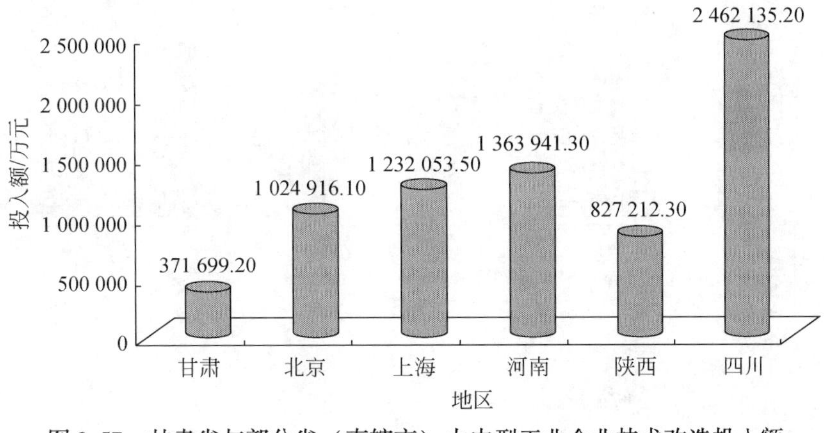

图 3-57　甘肃省与部分省（直辖市）大中型工业企业技术改造投入额

7. 企业新产品产值比例低，创新能力不足

2010 年，甘肃省大中型工业企业新产品销售收入为 344. 24 亿元，居全国第 24 位。这一指标远低于北京、上海、河南、陕西、四川等省（直辖市）（图 3-58）。

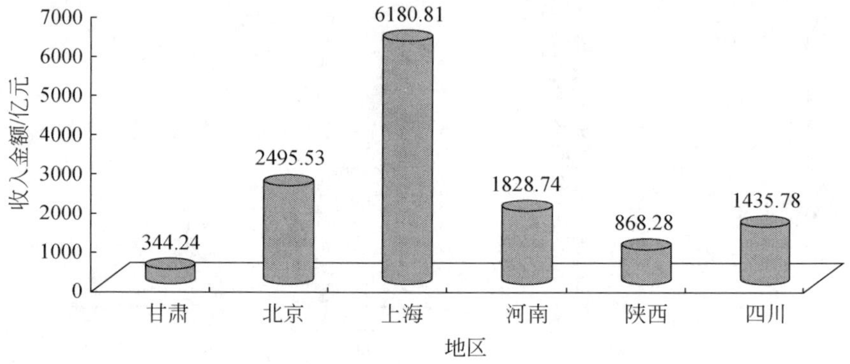

图 3-58 甘肃省与部分省（直辖市）大中型工业企业新产品销售收入

8. 新产品开发能力不强

2010 年，甘肃省大中型工业企业新产品销售收入占销售收入的比重为 7.66%，远低于北京、上海、河南、陕西和四川等省（直辖市），居全国第 22 位。这说明甘肃省企业新产品开发和创新能力与东中西部其他省市相比，还存在较大差距，甘肃省的市场环境急需进一步改善。甘肃省大中型企业研发能力不强，投入与产出的比例关系极不协调（图 3-59）。

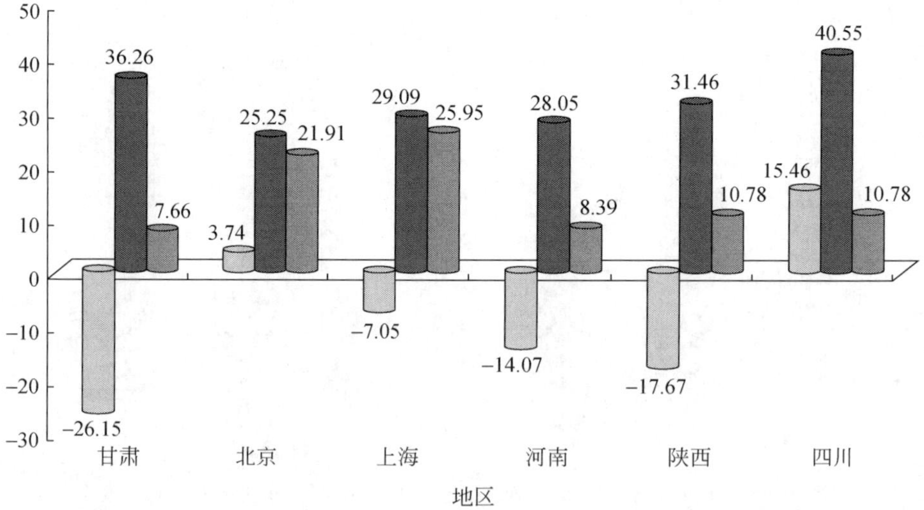

图 3-59 甘肃省与部分省（直辖市）大中型工业企业新产品产值情况

（四）创新环境和管理能力

1. 信息化水平较低

甘肃省移动电话和国际互联网用户数量较少，在国内排名较后。2010 年，甘肃省每百人平均电话用户达 106.73 户，居全国第 27 位，远低于北京、上海、陕西和四川等省（直辖市），略高于河南省；每百人平均国际互联网络用户为 25.59 人，国内排第 26 位，远低于北京、上海和陕西等省（直辖市），与河南省、四川省相当。这说明甘肃省的信息化水平不高（图 3-60）。

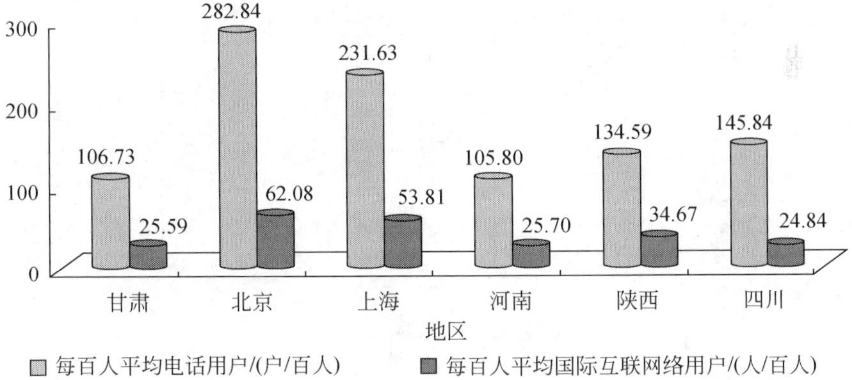

图 3-60　甘肃省与部分省（直辖市）电话用户及国际互联网络用户

2. 政府财政支出较少

2010 年，甘肃省政府财政支出 1468.58 亿元，全国排第 26 位，远低于中东部的上海、北京和河南等省（直辖市），也低于西部的四川省和陕西省。这说明甘肃省的财政支出很低，经济发展水平落后。

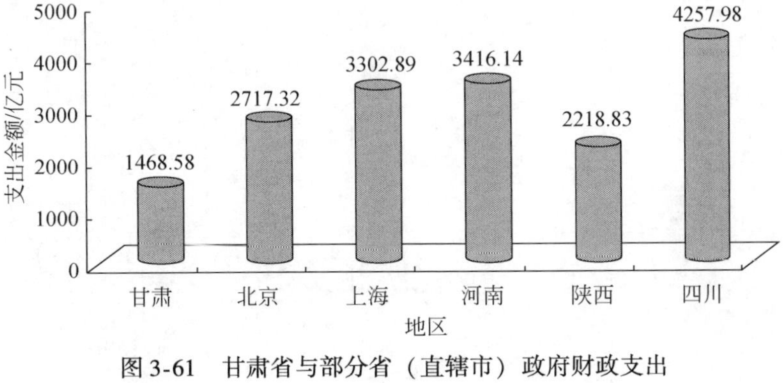

图 3-61　甘肃省与部分省（直辖市）政府财政支出

3. 固定资产投资额和居民消费水平较低

2010 年，甘肃省人均固定资产投资额仅每人 12 340 元，国内排名第 29 位，远远低于北京市的 27 540 元/人和上海市的 22 190 元/人，也低于陕西省的 21 320元/人和四川省的 16 300 元/人；甘肃省居民消费水平为 6035 元，分别为北京市和上海市的四分之一和五分之一，低于河南省的 7837 元、陕西省的 8273 元和四川省的 8182 元，说明甘肃省的居民生活水平普遍较低（图 3-62）。

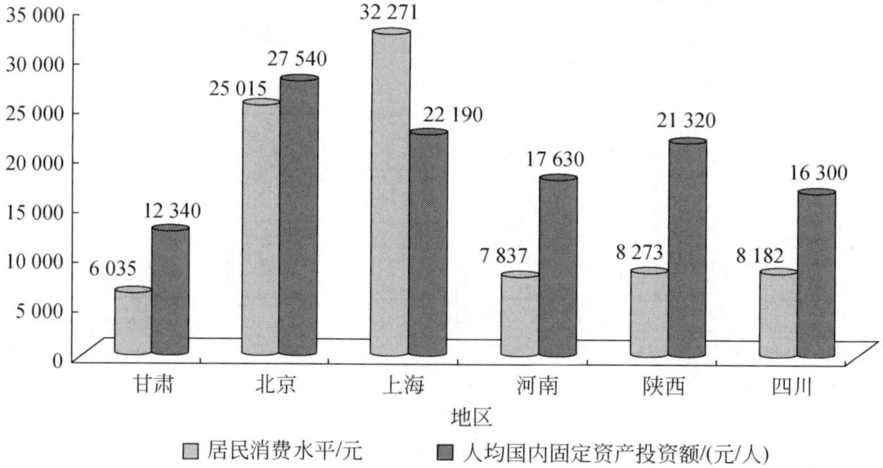

图 3-62　甘肃省与部分省（直辖市）居民消费水平与人均国内固定资产投资额

4. 教育经费支出较低，国民高等教育程度不高

2010 年，甘肃省教育经费支出为 12. 22 亿元，国内排名第 24 位，说明甘肃省教育经费的投入在国内还处于低等水平。甘肃省教育投资占 GDP 的比例为 6. 70%，高于北京、上海、河南、陕西和四川等省（直辖市）（图 3-63）。

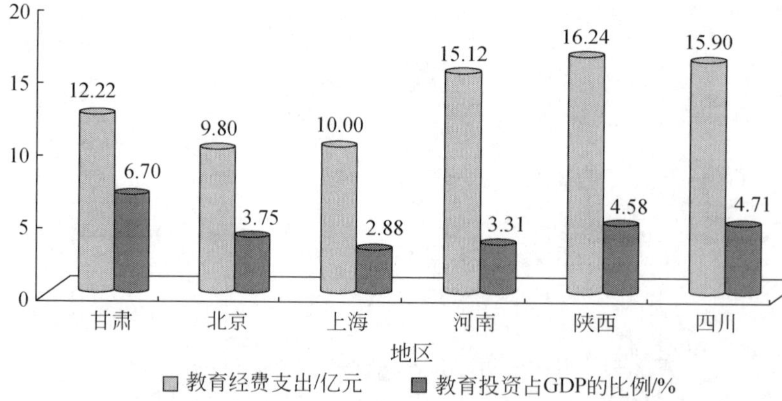

图 3-63　甘肃省与部分省（直辖市）教育经费支出

5. 获得国家创新基金和金融机构的贷款较少

2010年，甘肃省国家创新基金获得资金1393万元，平均每项国家创新基金获得资金为6.22万元/项，国内排名第31位，而北京、上海、河南、陕西、四川等省（直辖市）平均每项国家创新基金获得资金均在62万元/项以上。大中型工业企业研发活动获得金融机构贷款额为0.77万元/个，国内排名第27位。陕西省获得的贷款额为22.77万元/个，是甘肃省的30倍，说明甘肃省企业创新能力较低，金融支持创新环境较差。甘肃省的大中型工业企业科技活动获得金融机构贷款数额在全国内处于低水平（图3-64）。

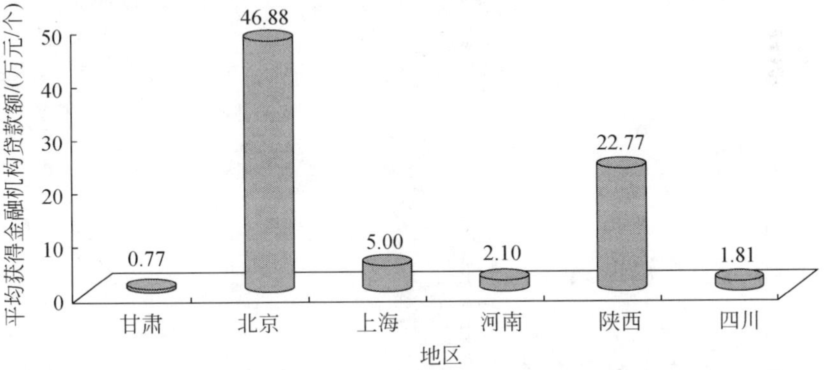

图3-64 甘肃省与部分省（直辖市）金融机构贷款额

6. 高新技术企业发展缓慢

甘肃省高新技术企业在国内还处于低等级，高新技术企业数占大中型工业企业数的比重为4.05%，在全国排第24位。同年，北京市为16.02%，上海市为8.53%，陕西省为8.35%，河南省、四川省分别为3.72%和6.06%。

（五）创新绩效能力

1. 人均GDP水平低

2010年，甘肃省人均GDP为16 113元，在全国排名第29位，低于西部的代表省份陕西省和四川省，陕西省的人均GDP是甘肃省1.68倍，四川省是甘肃省的1.31倍；甘肃省也远远低于北京市和上海市，人均GDP分别占北京市和上海市的1/5。这说明甘肃省距离建设小康社会还存在巨大差距。

2. 重点产业增长较慢

重点产业增加值在全国处于低水平。2010年，甘肃省第三产业增加值为1536.5亿元，全国排名第27位；信息产业产值为21.96亿元，国内排第24位；高新技术产业产值为80.9亿元，国内排第27位（图3-65，图3-66）。

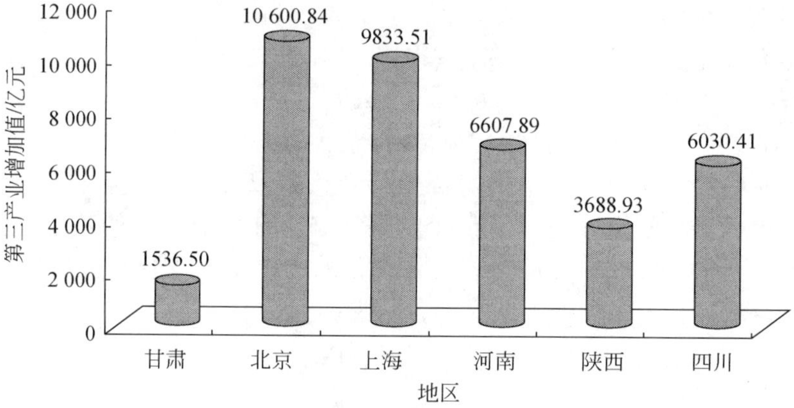

图 3-65　甘肃省与部分省（直辖市）第三产业增加值

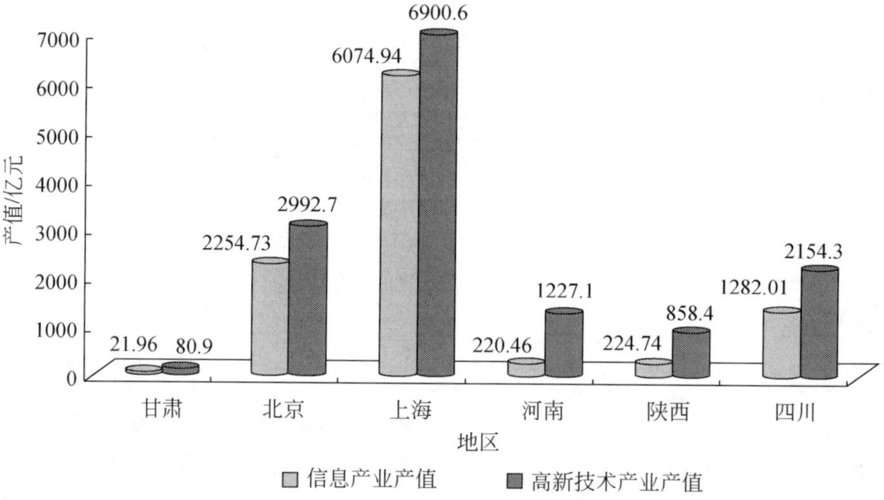

图 3-66　甘肃省与部分省（直辖市）信息产业产值、高新技术产业产值

3. 高技术产业就业人数少

甘肃省高技术产业的就业人数少。2010 年，甘肃省高技术产业就业人数为 2.75 万人，在国内排第 25 位，远远低于北京、上海、河南、陕西和四川等省（直辖市），反映了甘肃省的高技术产业的不发达（图 3-67）。

4. 每万元 GDP 能耗较高

2010 年，甘肃省每万元 GDP 能耗为 1.801 吨标准煤，全国排名第 25 位；电耗总量 804.43 亿千瓦·时，每万元 GDP 电耗总量 1952.12 千瓦·时，全国排名第 29 位。这说明甘肃省能源效率不高，经济发展高度依赖资源的消耗（图 3-68）。

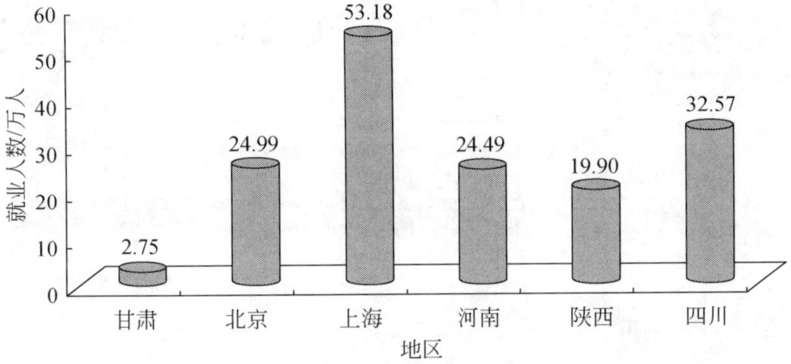

图 3-67　甘肃省与部分省（直辖市）高技术产业就业人数

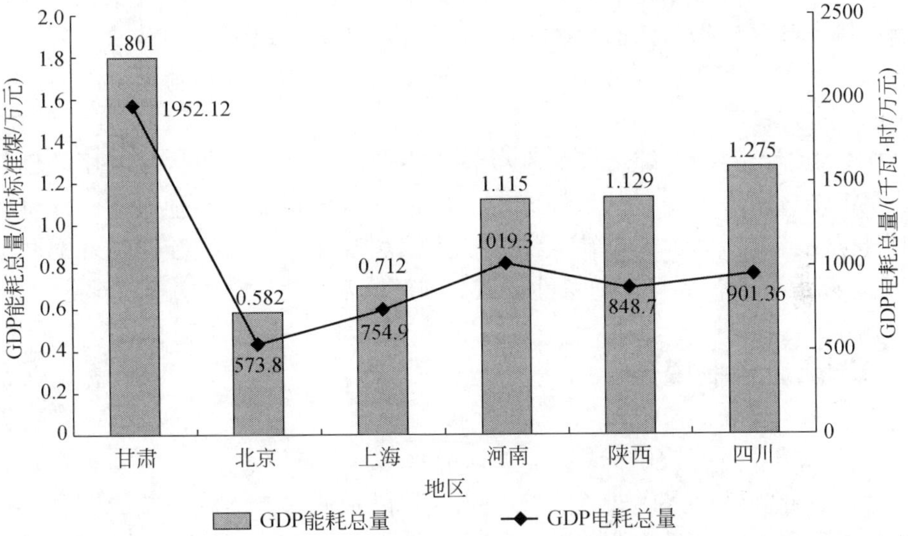

图 3-68　甘肃省与部分省（直辖市）每万元 GDP 能耗总量及电耗总量

第四章 甘肃省区域创新体系的需求

第一节 区域创新能力的主要障碍

一 组织结构障碍

区域创新体系包括知识创新系统、技术创新系统、中介服务系统、创新环境系统。区域创新体系组织结构包括各类科研组织机构、技术开发机构、中介服务机构、教育机构、政府机构及其他社会团体等。组织结构涉及面广、创新要素部门所有、创新资源分割导致创新活动封闭、创新扩散薄弱，阻碍了创新体系的建设。

各个组织结构内部缺乏能激发科技成果需求、研发、转化和应用的创新政策；组织结构间缺乏良好的秩序和统一的创新竞争机制、激励机制、评价机制和监督机制，创新体系建设缺乏制度与法律法规保障；组织结构内外部联动性较差，“知识流动”不畅，随意性较强，创新体系行为主体的集聚力弱。

二 创新机制障碍

1. 企业为主体、产学研政结合互动的机制不完善

产学研合作尽管已有20多年的历史，但以企业为主体的产学研结合双赢长效机制还没有形成，科技与经济“两张皮”的问题还没有从根本上得到解决。由于部门分割及目标取向的不同，企业与科研院所、高校之间的联系、合作与交流较弱。企业的技术引进、消化吸收及创新，科研机构和高校参与不多，科研机构和高校承担的国家科研任务，企业也参与有限。企业的主体地位没有确立，并且企业很少参与和支持高校的专业、实验室的设置，与高校的合作研究少。科技和知识从科研机构、高校流向企业的动力不足。

以甘肃省2006～2009年科技计划项目为例，企业与高校、科研院所的结合程度较低。抽样调查显示企业主持的项目与高校的耦合度为7.2%，与科研院所的耦合度为26.2%，企业间耦合度为14%；高校主持的项目与企业的耦合度为7.4%，与科研院所的耦合度为87.8%，高校间耦合度为3.2%；科研院所主持的项目与企业的耦合度为23%，与高校的耦合度为9.1%，科研院所间耦合度为

63.6%；其他类型单位主持的项目与企业的耦合度为28.4%，医院主持的项目与企业的耦合度为13.1%。平均耦合度为25%。

2. 科技经费缺乏稳定增长机制

一是省财政科技经费总量逐年有所增加，但没有达到国家关于科技三项费的增长比例高于同级财政支出增长比例的要求，经费总体投入增长缓慢，年度间增幅波动较大，2003~2011年甘肃省地方财政科技拨款从2.5亿元逐步上升到13亿元，总量基本呈上升趋势，但增长率却未形成持续增长态势，呈波浪式发展。二是没有形成引导和激励社会各类资金积极投入的机制，社会资金难以先期介入。三是科技经费投入管理机制不健全，对科技经费的使用缺乏全过程的有效监管和监督。

3. 科技成果转化的激励机制尚不健全

甘肃省科研成果转化的速度与效益均不理想，近5年来，甘肃省申请专利11 480件，但能真正形成新产品、新工艺的不足600件，大多停留在实验室和样品阶段。市场机制的引导和激励作用还没有充分发挥出来。促进优秀创新人才脱颖而出的激励政策还在探索之中。高新技术企业股权和转制科研机构产权制度改革的政策明显落后于东部沿海发达地区。

4. 区域协作创新机制缺乏

缺乏区域开放和协作的机制，一是省域内地区之间协作创新活动少，兰州技术高地与其他市（州）的协作创新活动少，技术的开发、扩散、转移慢。二是与周边省份的协作创新很少，还没有形成具有甘肃省特色优势和服务西北或黄河上游地区技术创新与扩散的中心地位，部分领域（如农牧业、食品、医药、能源、化工、有色冶金等）与周边省份的协作创新潜力没有充分挖掘，创新的效率不高。三是缺乏全球化背景下争取先进技术转移和接受吸纳的机制，相关重点实验室、工程中心、学科基地、高校、科研院所等的开放机制不健全，各创新主体开展跨区域和国际间协作创新的局面没有明显突破。

三 创新网络发育障碍

创新网络是指区域中各相关主体企业、高校、科研机构、政府和中介机构通过相互合作与反馈机制形成网络状的联系形态，并由这种网状联系产生协同作用，共同促进创新的产生和传播（彭怀生和曹孜，2010）。

1. 创新网络发育水平很低

目前，甘肃省内较多的企业、科研机构和中介机构等还没有形成相互渗透、利益共享、形式多样的区域创新网络，研究机构、生产商、供应商、合作伙伴和其他有关机构之间难以互相渗透，企业、科研机构和中介机构在多数情况下是孤立发展的。创新网络发育水平很低，创新活动难以在网络中发生。

2. 创新网络中的信息流动不畅

创新网络中的信息流动不畅，难以形成多种多样的创新模式和衍生企业，区域经济缺乏活力，技术和市场相互割裂错位，高校和科研机构的成果难以直接带入市场。较少的企业衍生使科研成果与商品之间缺少连接的桥梁，可转化为生产力的技术项目很少。创新网络中的资源渗透交流不畅，网络节点互相作用力度不大，网络边界外延、扩大速度很慢，区域发展的新陈代谢机制不强。多数中小高新技术企业的“触角”难以渗透到高校和科研机构，创新主体间难以建立起密切的合作关系网络。

3. 创新主体要素之间联动困难

目前，各创新主体要素之间联动困难，政府部门激励企业、R&D 机构开展技术创新活动的政策不到位，宏观层次上缺少组织协调机制。“产学研金”联动系统功能微弱，政府部门对推动联动、挖掘民间融资空间和培养风险企业家的工作滞后、功能不强；“产学研”联动系统中，中小企业缺乏科技创新战略和科技成果转化方式，寻找科研机构和高校支持的积极性不高。大中型企业通过企业的技术中心或工程技术中心与外部的科研机构、高校建立合作的渠道不畅；大学科学园–高新技术开发区–科研机构系统中，缺少按市场需求设计各种类型的孵化器、种子资金、风险基金、优秀的园区及其孵化器管理人员和有市场开发头脑的科技成果转化能手；国家、省市科学（社会科学、企业创新）基金–高校–科研机构系统中，产学研联合申请和立项的项目十分有限。

4. 科技资源缺乏有效整合

近几年来，创新体系的机构、要素发展较快，为了推动科研机构、高校与地方和企业的联合，整合资源，甘肃省委、省政府下发了《关于加强科研院所、高等院校与地方和企业科技合作促进科技成果转化的意见》《甘肃省人民政府批转省科技厅关于进一步深化省属开发类科研机构管理体制改革的意见》和《关于省属社会公益类科研机构管理体制分类改革实施意见的通知》。但是，由于没有找到整合资源的有效结合点，缺乏整合的具体措施，资源整合仅限于一般的号召。同时，科研机构又缺乏改革的勇气和主动性，绝大部分科研机构和高校仍没有走出封闭的圈子，整合资源没有出现突破性进展。

四 创新主体能力障碍

从区域技术创新主体角度而言，创新主体的多元化是我国目前区域创新系统的一个主要特征。区域创新活动行为主体应主要包括企业、政府、教育培训机构、科研机构、中介机构等。

1. 企业自主创新的主体地位薄弱

主要表现在四个方面。一是企业自主创新主体意识不强，不少企业偏重于生产、销售和财务管理，对产品结构持续改进、生产技术持续优化不够重视。2010 年，甘肃省工业企业中开展研发活动的仅有 6.3%，3/4 的大中型工业企业和 97% 的小型工业企业没有开展研发活动。二是企业自主知识产权少，2011 年，甘肃省专利申请受理 5287 件，企业申请 1677 件，仅占甘肃省专利总量的 1/3 左右。三是许多技术主要依靠引进和模仿，2011 年，由企业作为主要完成单位的科技成果占到甘肃省登记数的 26.4%。四是企业科技开发投入仍然不足，目前甘肃省规模以上工业企业研发经费投入仅占销售收入的 0.5% 左右，远低于全国平均水平。

2. 高校创新与人才培养能力不足

一是大学培养创新人才的能力不足；二是大学科技研发能力比较弱；三是与科研院所和企业的知识交流严重不足；四是学科设置僵化、落后，不利于交叉学科及新学科的发展和创新人才的培养。

3. 科研机构创新资源不足与浪费并存

科研机构缺乏可持续发展的经费投入机制和持续发展能力。自选课题比例高、企业委托项目少，院所内研究项目多、对外合作项目少，科研机构独立研究多、产学研结合研究少；部分科技人员学风浮躁、研究工作不扎实，技术储备不足；科研院所的分配制度、人事制度改革不到位；立项制度、课题经费管理制度及考核奖励办法等涉及运行机制的改革，缺乏激励机制；创新思想贫乏，创新效率不高；科学创新、技术创新及产业化活动缺乏动力。

4. 科技中介机构还处于起步阶段

机构和人员少，能力较弱，基础设施严重不足，专业化服务水平不高，缺乏科技经纪人和中介机构经营管理等方面的人才。

五 创新文化障碍

1. 人员知识匮乏，创新文化支撑乏力

知识是文化的基础，创新文化也是如此，扎实的基础知识及专业知识在创新人才的培养中具有十分重要的作用和意义。一定程度上讲，创新文化品质的高低取决于专业基础知识的厚薄程度，没有足够而必需的文化专业知识作底蕴，进行思维创新就像空中楼阁（汪园英，2008）。现代科学发展的趋势是整合的科学知识，不但是自然科学与社会科学的结合，各学科之间相互渗透、汇流也日益加强（张积玉，2009）。当代最富有创造性的思维方式，正是出现在自然科学、社会科学和技术科学的相互交叉点上。

2. 科普工作落后，公众科学素养不高

投入不足，科普设施匮乏，成为制约甘肃省科技发展的重要因素。由于地方财力有限，长期以来，甘肃省每年人均科普专项经费只有0.1元，从2007年起才提高到0.2元，2011年达到0.53元（全国人均2.1元），在全国处于极低水平。现有经费对于开展工作仍然显得杯水车薪，与发达地区更是无法相比，在西部省份也是最低的。西北五省（自治区）人均科普专项经费最高的是宁夏，为2.06元，其次是新疆，为1.27元，陕西是0.60元，青海是0.57元，而在2008年，北京市的人均科普经费投入就已达11.59元。此外，甘肃省目前还没有一个省级科技馆，青少年的课外科技活动场所更是奇缺，无法开展科普活动。

统计显示，目前甘肃省文盲率高于全国12.05%，而科盲更是文盲人数的3倍，在民族地区和贫困地区，这一问题更加严重。文化程度普遍偏低导致农民难以及时接受一些新的技术和方法，影响了科普致富的效果。相关专家认为，甘肃省经济社会发展之所以滞后，除自然条件差、生态环境脆弱和原有基础差等诸多因素外，科技教育水平低，对科普工作重视不够、力度不大，以至于公众科学素养不高，也是一个重要原因。

3. 竞争动力、能力不强，创新精神缺乏

目前，甘肃省相应的科研体制、风险共担机制及社会激励机制不完善，导致科技人员的竞争动力和能力不强，创新企业家的数量有限，创新精神和创业勇气不足，怕失败，怕犯错误，不敢尝试，不敢冒险，堵塞了创造性文化产生的源泉。而在固定观念的影响下，人们往往会利用已有的经验过早地做出判断，而把新构想的幼芽扼杀在摇篮里，本能地从事一些惯性活动，遵守一定的规则而很少主动地进行思维及创造性的活动。目前，传统的、保守的、惰性的中庸价值观在高校、科研院所、企业和政府等创新主体中仍然存在。

六 创新环境障碍

1. 创新法制与政策环境尚不完善

在科技体制改革和科技创新等许多领域还存在一些法制空白，尤其是经济立法没有充分考虑科技发展的需要，科技创新政策还存在不协调、不和谐、不全面之处。有些重要的政策层次低、力度不够，如财政激励政策力度小，对技术创新刺激不够，政府采购政策、减免税政策对企业技术创新关注不够。科技政策法律的实施缺乏应有的监督机制和法定程序。风险投资机制没有建立，缺乏适合中小企业技术创新特点的贷款政策和信用保证制度。公众对政府提出的公共政策的信誉度不高。

2. 科技基础条件平台建设相对滞后

从整体上看，甘肃省的科技基础条件还比较薄弱，科技设施缺乏，制约了许多重要研究领域的发展。有限的资源不能得到合理的利用，难以为甘肃省创新能力的提高提供有力的保障。一是缺乏整体布局和宏观管理，条块分割严重，资源分散，利用效率低；二是共享和服务体系建立初始，共享机制形成尚需时日，运行经费未纳入财政经常性支出预算；三是管理方式传统、落后，造成有限的资源分散、重复和浪费；四是对无形资源认识严重不足，导致物质保障系统薄弱，信息保障系统缺乏；五是基础设施建设的投入严重不足，仪器、设备更新速度缓慢，现有资源品质不良，难以形成生产力。

3. 政府的主导作用和市场机制基础性作用不够

在推进区域创新的过程中，政府对营造环境承担和发挥着主导作用，但是，目前一方面政府的主导作用发挥不够，政府的越位和缺位并存，一些政府部门热衷于抓项目，没有把主要力量投入到营造环境、完善机制、提高能力上来。另一方面市场对创新资源的基础性配置作用还未充分发挥，市场机制的基础性作用仍然有待进一步加强。在科技资源的配置中，传统的计划指令调配资源的方式方法还没有遵循市场经济规律的基本要求，难以实现科技资源的高效配置和综合集成，市场机制的基础性作用还没有得到充分发挥。

4. 企业集中和集聚的创新环境条件缺乏

规划引导、产业链创新、环境培育和政策支持不够，企业特别是中小企业的空间集聚程度低，产业集群创新能力十分薄弱，导致创新成本较高，产业配套协作发展水平低，产业内部缺乏合理的竞争创新，部分大中型企业孤立发展，多数县区缺乏带动发展的增长极，专业化村镇很少，而且影响了区际交流、降低了知识流动的速度和市场化发展的进程。

七 创新资金障碍

（一）资金投入不足

1. 政府投入不足

甘肃省的政府科技投入始终迈不过“1.5%”这个门槛。2003～2010 年甘肃省政府科技投入始终低于 1.5%，经过 8 年的发展，甘肃省地方财政科技拨款占地方财政支出的比重一直未超过 1.1%，甚至 2010 年的拨款比重比 2003 年还低 0.23%，仅为 0.74%，排在全国第 29 位（表 4-1）。

表 4-1 2003～2010 年财政科技拨款占地方财政支出比重 (单位:%)

年份	2003	2004	2005	2006	2007	2008	2009	2010
甘肃省	0.97	0.82	0.88	0.83	1.08	0.78	0.82	0.74
西部 12 省份平均水平	1.14	1.18	1.05	1.09	1.05	1.20	0.98	0.92
全国平均水平	1.93	2.0	2.08	2.22	2.79	2.09	2.15	2.15

资料来源:《全国科技进步统计监测报告 2011》

甘肃省内各区域投入不平衡。2006～2010 年各市（州）科技投入中，兰州市、嘉峪关市、金昌市 3 个城市的 R&D 强度高于甘肃省平均水平，R&D 经费占甘肃省总量的 80% 以上，其他 11 个市（州）R&D 经费投入占甘肃省的比重不足 20%。2010 年兰州市 R&D 总投入占甘肃省的 50% 以上，而庆阳、陇南、甘南、临夏 4 个市（州）尚不足 1%。

2. 企业投入不足

2011 年，甘肃省规模以上工业企业 R&D 经费支出为 25.79 亿元，虽然占甘肃省 R&D 经费支出的比重为 53.14%，但仅占全国的 0.43%，R&D 经费支出占工业企业产品销售收入的比重为 0.46%，比西部平均水平（1.52%）低 0.51 个百分点；人均 R&D 经费 2.61 万元，比全国平均水平（30.1 万元）低 2.34 倍，比西部平均水平（6.93 万元）低 1 倍。企业 R&D 人员人均 R&D 经费只有 2.21 万元，企业 R&D 投入占产品销售收入的比重仅为 0.46%；科技人员人均科技经费 2.87 万元，分别为全国平均水平的 20.84% 和 57%；企业科技人员人均拥有的科研仪器设备仅有 1.89 万元，为全国水平的 42.09%（表 4-2）。

表 4-2 甘肃省规模以上工业企业 R&D 投入比重比较

年份	企业 R&D 投入/亿元	企业 R&D 投入占产品销售收入的比重/%	全社会 R&D 投入/亿元	企业 R&D 投入占全社会的比重/%
2006	13.04	0.48	28.96	55.24
2007	14.91	0.53	31.4	59.26
2008	18.50	0.49	40.4	58.03
2009	19.50	0.52	41.12	56.03
2010	22.32	0.56	45.11	52.32
2011	25.79	0.46	48.53	53.14

资料来源：甘肃省科技统计年报（2006—2011）

工业企业 R&D 投入地域分布不均衡，兰州的 R&D 人员、R&D 经费分别占甘肃省的 28.43% 和 20.49%；兰州、嘉峪关、金昌、白银、天水占甘肃省 R&D 人员、R&D 经费的总量分别达到 74.24% 和 83.98%，而其他 9 市（州）所占总量仅为甘肃总量的 1/5 左右。R&D 经费占产品销售收入的比重在 1% 以上的只有天水，其他市（州）都相对较小（表 4-3）。

表 4-3 2011 年甘肃省工业企业 R&D 投入强度地域分布

地区	R&D 人均经费/（万元/人）	R&D 人员比重/%	R&D 经费占产品销售收入比重/%	R&D 经费比重/%
兰州	1.38	28.43	0.28	20.49
嘉峪关	4.45	11.67	0.82	26.06
金昌	5.35	10.18	0.53	18.14
白银	2.32	11.73	0.70	12.56
天水	1.04	12.23	1.28	6.73
酒泉	0.71	12.85	0.29	4.70
张掖	0.93	2.29	0.24	1.07
武威	0.48	0.80	0.03	0.19
定西	3.13	0.72	0.61	1.20
陇南	4.37	0.23	0.21	0.26
平凉	3.48	3.38	0.88	4.85
庆阳	1.01	3.83	0.10	1.89
临夏	2.99	1.10	0.97	1.42
甘南	1.92	0.56	0.71	0.43

资料来源：《甘肃省科技统计年鉴》（2010—2011）

（二）创新融资渠道不畅

甘肃省中小企业信贷融资难主要有三个原因：一是银行对中小企业的“惜贷”，商业银行的贷款主要是面向国有企业或其他大企业，中小企业在公开市场上通过发行股票和债券等方式进行融资也常受到规模歧视。二是中小企业自身信用缺失，诚信系统不完善。三是信用担保等中介机构支持中小企业融资服务滞后，风险投资机构对中小企业的投资实际上很少。2006～2011 年甘肃省全社会科技活动经费筹集额中，金融等其他投入所占比例减少，金融机构贷款始终不足 1/3。资金来源渠道单一、投入量低已经成为制约自主创新的一个很重要的因素（表 4-4）。

表 4-4 2006～2011 年甘肃省 R&D 经费投入情况

年份	科技活动经费		
	全社会 R&D 投入/亿元	其中：金融等其他/亿元	金融等其他占全社会 R&D 投入的比例/%
2006	28.96	1.51	5.2
2007	31.4	1.73	5.5
2008	40.4	1.61	4.2
2009	41.12	2.17	5.3
2010	45.11	1.51	3.3
2011	48.53	1.71	3.5

资料来源：《甘肃省发展年鉴 2011》

（三）科技投入面宽量小

从国家科技计划支持甘肃省的力度来看，科研项目数量和经费都在逐年增长，但是由于支持面广，项目支持强度仍然偏小，导致多数项目难以取得重大突破。甘肃省国家科技计划项目主要分布在农业、生物医药、先进制造与自动化、生态环境等领域，新材料与新能源项目数量、经费投入仅占13%和17%，装备制造领域经费投入占12%。甘肃省国家自然科学基金项目主要分布在生态环境、生物医药、新材料领域，但新能源与装备制造领域项目数量、经费投入仅占1.3%和0.9%。因此，应当围绕优势传统产业及战略性新兴产业，加强科技基础条件平台和科技基地、基础研究和应用基础研究、软科学研究项目计划的策划与申请，多争取国家支持，提升科技创新的可持续发展。

第二节　甘肃省经济社会发展对区域创新体系的需求

一 对知识创新的需求

知识创新是指通过科学研究，包括基础研究和应用研究，获得新的基础科学和技术科学知识的过程，其目的是追求新发现、探索新规律、创立新学说、创造新方法、积累新知识（薛晶晶，2011）。知识创新是区域创新体系的重要组成部分，是技术创新的基础，不仅能够有效地促进科技进步和经济增长，而且还能为人类认识世界、改造世界提供新理论和新方法，为人类文明进步和社会发展提供不竭的动力。新时期甘肃省社会经济的发展对知识创新的需求主要表现在以下几个方面。

（一）建设科技基础条件平台

按照统筹规划、分步实施、突出重点、持续发展的原则，以增加投入激活科技存量资源，逐步形成布局合理、功能齐全、开放高效、资源共享的科技基础条件平台。

围绕甘肃省优势学科和生物制药、冶金、建材、石油化工、食品、纺织等优势产业，优先发展电子信息、新材料、新能源、机械制造、生态环境保护等高新技术领域，重点建设生物制药、石油化工等几十个装备先进、高效运行的省级重点实验室、中试基地、工程技术研究中心，力争建成8～10个国家级重点实验室和过程技术研究中心。

以甘肃省科技情报研究所为中心，健全和完善甘肃省科技信息服务系统，加快建设甘肃省科技信息保障平台，加大对科技信息基础设施的投入、建设好“一网两库”（甘肃省科技信息网，甘肃省科技资源数据库和科技文献数据库），改善环境，提高信息服务技术设施的装备水平，为甘肃省知识创新提供及时、有效的信息服务。

（二）建设优势、特色重点学科

围绕经济社会发展，新时期甘肃省区域科技创新体系对知识创新的需求还应加强重点大学和重点学科建设，重点建设好骨干大学和100多个学科专业，使兰州大学、西北师范大学、兰州交通大学、兰州理工大学、甘肃农业大学等重点高校和30个重点学科达到国内一流水平。同时，加强与省外高校和中国科学院的科技联盟，建设甘肃省优势和特色的知识创新体系，从而为区域科技创新体系奠定良好的基础。

在知识创新中，甘肃省需优先发展以生物科技为主的生命科学领域、以工业信息化为主的信息领域、以新材料为主及先进机械制造为主的材料工程领域、以生态环境保护为主和资源综合高效利用等重点领域内的学科。新时期甘肃省需要加强应用基础研究和开发性研究，通过实施各类科技计划，建设优势、特色重点学科。

（三）增加专利与科技论文的数量

专利和科技论文的数量是知识创新的重要方面，在科技创新体系中，如果专利和论文的数量较多，有利于推动区域持续的创新；反之，则会降低区域创新的效率，不利于区域创新的顺利进行（江巨鳌等，2005）。甘肃省区域科技创新在知识创新中对专利和科技论文的需求主要表现在以下两个方面。

1. 增加专利总量

虽然甘肃省专利申请增长速度快，社会的专利意识不断增强，但是专利总量占全国的比例仍然非常低。2009年，甘肃省专利申请受理数为2676件，仅占国内专利申请受理量的0.31%；专利申请授权1274件，仅占国内专利授权量的0.25%；甘肃省专利授权量占申请量的47.61%，而全国该比例达到57.18%，授权量低于全国平均水平；发明专利申请受理量和授权量均居全国第25位；每10万人平均发明专利申请受理数为4.25件，每百万人平均发明专利授权数为8.61件，全国排名分别为第21位和第24位。因此，新时期甘肃省需要增加专利总量，提高社会的专利意识，为知识创新奠定良好的基础。

2. 增加科技论文数量

2009年，甘肃省发表的国内论文数和国外论文数分别为6735篇和3658篇，全国排名分别为第21位和第19位；每10万人平均发表的国际论文数为6.08

篇，居全国第2位；科学引文索引（SCI）收录、工程索引（EI）收录、科技会议录索引（ISTP）收录的甘肃省科技论文分别占全国国际论文总数的1.91%、1.39%、0.82%。从发表论文较多的单位来看，高校与科研院所发表的论文占论文总数的95.95%。这与国内其他地区一样，高校和科研机构既是科技论文产出的主要部门，也是基础研究工作的重要力量。但是与全国相比，甘肃省创新知识资源在全国不具有竞争力，很难支撑技术创新活动。新时期甘肃省应加大对高校和科研机构的财政支持，优化投入管理机制，建立网络数据平台，完善激励机制等，提升科技论文数量和质量。

（四）加强科技信息化建设

科技信息化建设是知识创新的重要组成部分，大力发展科技信息化建设不仅对于甘肃省社会经济发展具有重要的意义，同时也是建立区域科技创新体系的必要条件。新时期甘肃省科技信息化建设主要在企业创新科技服务信息化、农业农村科技信息化等方面进行建设。例如，在农业智能专家系统方面，国家实施的863计划专项——甘肃省“智能化农业信息技术应用示范工程”项目围绕退耕还林、集雨节灌、日光温室无公害生产、优质专用作物生产等，研制开发了25个网络、单机版专家系统，其中8个专家系统已获得国家软件著作权证书。搭建的“甘肃省智能数字农业网站”，在张掖、敦煌、定西等16个重点县、41个重点乡镇进行了示范推广，农业专家系统示范面积达100多万亩。

二 对技术创新的需求

技术创新系统是区域创新体系的核心组成部分，是最重要的子系统，主要包含创新主体、创新方式、创新组织模式、创新价值的实现途径等。技术创新是指企业抓住市场的潜在盈利机会，以获得商业利益为目标，重新组织生产条件和要素，建立起效能更强、效率更高和费用更低的生产经营系统，从而推出新的产品、新的生产工艺方法，开辟新的市场，获得新的原材料或半成品供给来源或建立企业新的组织，是科技、组织、商业和金融等一系列活动的综合过程（史鸿，2003）。技术创新是决定区域综合实力和竞争力的关键，是区域社会经济发展的原动力。甘肃省社会经济发展对技术创新的需求有以下几方面。

1. 对技术创新主体的需求

技术创新主体是指参与技术创新活动的全过程，并在技术创新活动中占主导地位，发挥主导作用的社会组织或社会角色（潘连生，2005）。企业是承载技术创新、应用科技成果最活跃的载体。甘肃省社会经济发展需建立以企业为主体的科技创新体系，加快创新要素向企业集聚，加强企业技术中心建设，使企业真正成为研发投入主体、创新活动主体和成果应用主体。鼓励企业特别是国有大型企业建立研发机构，开发具有自主知识产权的关键技术和核心技术；加快培育一批集研发、设计于一体的科技骨干型企业；重视发挥科技型中小企业创新活力，鼓励技术革新和发明创造。

2. 对技术创新方式的需求

技术创新的过程涉及诸多因素，这些因素组合与配置的方式及其结构上的差异，构成了技术创新的不同模式。根据技术创新的方法，可分为三种模式：自主创新、模仿创新和合作创新。甘肃省需加大国家级创新基地的建设，提高自主创新能力，加大合作创新力度。以自身的研究开发为基础，通过区域间的创新合作，实现科技成果的商品化、产业化和国际化，获取商业利益的创新活动。

3. 对技术创新组织模式的需求

创新在技术、生产、市场等各个环节的有效连接和合作过程中，演变出外部交易、组织内部连接、政府促动等组织模式，这些组织模式主要表现为：一元模式、二元模式（企业-高等院校、科研院所，企业-银行等金融机构，企业-政府）、多元模式（产学研结合、企业联盟）。甘肃省需大力发展技术创新多元模式，推进产学研结合。深化科研机构改革，加快建立现代院所制度。支持国内外高等院校、科研院所与企业联合建立研发机构、产业技术联盟等创新组织，鼓励高等院校、科研院所承担企业重大科技项目，促进产学研结合，促进科技与经济结合。充分发挥高校和科研院所的作用，增强甘肃省技术创新能力、加快经济结构调整。

4. 对技术创新价值实现途径的需求

技术创新价值就是促使产品增长技术优势，从而促进产品增值，并通过占领市场份额、拥有广大消费者，将技术优势转化为竞争优势，最后给技术创新者带来丰厚的利润（钟荣丙，2004）。任何一项成功的技术创新活动，经过大面积的推广和使用，必须是推动产业结构、市场结构和外贸结构变化的过程，同样也是不断地推动经济增长的过程。甘肃省社会经济发展需从多个途径实现技术创新价值，通过加大技术创新成果（产权）转让和融资力度，开发先进产品，提高技术创新成果转化率，实现技术创新价值（图4-1）。

三 对服务体系的需求

科技中介服务体系是区域创新体系的组成部分，是由组织管理体系、市场行业体系、法律法规政策体系组成的有机系统，服务对象主要以中小企业为主，特别是科技型中小企业（张晓芬和张大英，2006）。科技中介服务是指从科技成

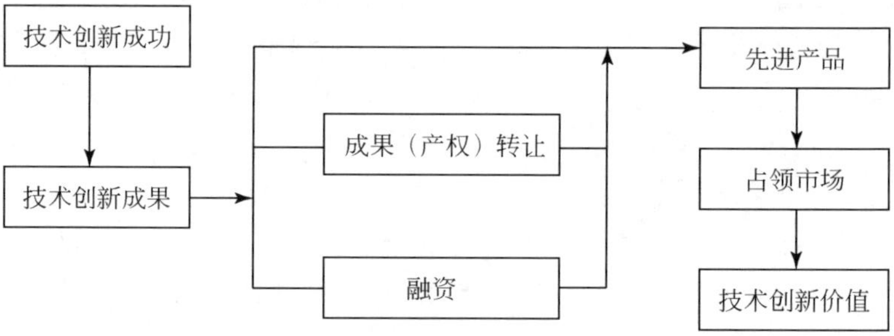

图 4-1 技术创新价值的实现途径

果产生到实现产业化的整个过程中，为科技与经济结合提供必要的信息、资源等服务，其内涵是以创业孵化与科技成果转化为核心提供科学技术服务和信息服务（陆小成和刘立，2009）。甘肃省社会经济的发展对创新服务体系的需求主要表现在以下几个方面。

（一）对组织管理体系的需求

随着以产品创新为目标的科技创新计划的全面实施和深入推进，产品创新的技术供求矛盾越来越突出。一方面广大农民、企业及资本拥有者对新技术、新成果的渴求越来越迫切；另一方面不少掌握技术成果的高校、科研院所，又往往找不到成果转化的渠道和合作者。同时，即使是好的技术成果，由于缺乏产业化相关要素的集成支持，产业规模不大。因此，科技成果交易市场中的信息不对称，亟须建立健全科技中介服务体系的组织管理体系，使科技成果得以顺利转化，实现科技与经济的有机结合，促进甘肃省社会经济的跨越式发展。

（1）对政府组织管理体系的需求。转变政府职能，以提高甘肃省中介机构的核心竞争力为中心，对中介机构整合提供政策支持。建章立制，建立严格的市场准入制度，实行法制化监管，为中介机构以市场为导向进行公平竞争提供条件。政府应从具体的微观管理中摆脱出来，要将权力下放给企业，以宏观调控为主，使非独立的科技中介组织真正转化为独立经营的社会化服务组织，致力于塑造健康的经营主体、健康的市场环境。

（2）对中介机构组织管理的需求。科技中介服务机构要真正发挥“桥梁”和“纽带”作用，改革过去多数参照事业单位组织管理模式进行内部管理的范式，推行“股份制”和“合伙制”等不同组织形式，引入现代企业管理制度，建立科学高效的集预测、决策、执行和监督等职能于一体的组织管理系统，为提高服务能力和市场竞争能力提供有效的组织保障。

（3）对行业协会组织管理的需求。为了协调和管理众多的各类科技中介机构，促使其快速发展，壮大整个科技中介行业，有必要建立起自治性的协调和管理组织。行业协会可承接一部分行政管理职能，同时，通过建立公开、严密和公正的选举程序，建立具有行业认可度的协会管理机构，获得行业管理职能授权，如制定和实施行业行为规范、标准服务、职业操守、违规惩戒、资质认证等管理制度。

（二）对市场行业体系的需求

市场行业体系是科技中介服务体系的基本组成要素，指功能全面、数量众多的存在于各类行业的科技中介服务机构，如生产力促进中心、科技企业孵化器、科技风险投资公司、科技评估机构、专利代理机构、科技招投标机构、科技成果转化中心、技术交易市场、专业技术协会、各类行业协会等。甘肃省有创业服务中心、高新区创业中心、兰州高新技术创业园等 15 个科技孵化机构，并在扶助创业、促进高新技术成果转化、创造就业机会等方面做出了重要贡献。需整合各种创业创新资源，创新科技企业孵化器建设，引进各类专业的社会服务机构，针对企业的需要提供优质的服务，促进孵化服务系统化和多元化。

（三）对法律法规政策体系的需求

成熟、完善的法律法规和政策体系是建立健全科技中介服务体系的必要条件。甘肃省政府职能部门和综合部门需制定出台关于发展科技中介服务系统的规范性政策，特别是专项政策性和法规性文件。同时，建立健全科技中介服务体系的管理制度与规范，明确科技中介机构的作用、组织制度、运行机制、行业规范、管理方式、服务标准、法律责任等，给予相应的优惠政策，为科技中介机构的发展提供政策支持和法律保障。各类科技中介机构也要建立健全管理规范，完善制度措施，强化中介自律，维护中介信誉，逐步形成自我管理、自我发展的机制，发挥社会化、专业化服务功能。

四 对创新环境的需求

区域创新环境是维系和促进自主创新的有力保障，是一个地区保持竞争力、发展力所必须具备的物质、文化、社会环境。区域创新环境最基本的功能就是为区域创新提供最基本的生产条件，并最大限度地优化区域创新的宏观甚至是微观环境。区域创新环境包括信息网络、科研设施等硬环境，创新政策、法律法规、文化等软环境，以及积极参与国际竞争合作的外部环境等。近年来，甘肃省社会经济取得长足发展，这必然要求甘肃省科技创新环境从以下几方面继续改善。

（一）对创新硬环境的需求

科技创新的硬环境是指满足科技创新所必需的交通、住房、办公等基础设施，以及区域自然资源、生态环境等，美国硅谷气候宜人、环境优美，因而吸引了众多科技人才。而甘肃省地处西北内陆干旱、半干旱区，生态脆弱，经济实力薄弱，基础设施落后，要使甘肃省的科技创新取得新突破，必须进一步完善硬环境。

1. 基础设施

（1）改善城市交通。交通是影响科技园区发展的重要因素，以印度的班加罗尔为例，该城市虽然有“南亚硅谷”之称，但交通设施落后，导致交通拥堵，事故频发，有许多科研机构及企业开始逐步向周边城市迁移，不利于社会经济和科学技术的发展。甘肃省以兰州市为龙头的创新基地存在交通基础设施滞后的现象，需要编制高质量的城市交通建设规划，积极筹措资金，努力完善“多层次、立体式”的城市路网建设，改善城市交通状况。

（2）大力支持园区和新区建设。甘肃省现有兰州高新技术开发区、白银高新技术产业园区、酒泉风光电设备制造科技产业园、天水农业高新示范园等科技园区和新区，基本具备供水、排水、供热、电力、通信、道路等条件，但与北京、上海等地相比较，园区和新区数量少、水平低。甘肃省除培育新兴园区之外，还需要进一步完善金融、商业、文体中心等配套服务设施，建立良好的投融资环境，建成一批集科、工、贸于一体，具有产学研功能的高新技术产业园区和新区。

（3）美化城市环境。纵观当今国际新兴的科研型城市，无一不是景色秀丽、环境宜人的“宜居”型城市。随着甘肃省社会经济的发展，要能留住并吸引大批的科研人才和投资单位，就必须把创新能力较强的城市建设成花园型城市，尤其是科技创新实力最强的兰州市，要大力实施截流污水、疏浚淤泥、防污治污、城市绿化等工作，优化城市工业布局，降低污染程度，改善市容市貌，提高城市影响力。

（4）优化实验办公环境。各科研院所应抓住科技能力建设的大好机遇，按照“科学规划、循序渐进”的原则，对陈旧实验室、办公室维修改造，购置先进设备仪器，使科研设施条件及实验室功能布局得到进一步配套完善；提升信息化基础设施与应用水平，建立网站，拓宽信息渠道，加强对外宣传和科技服务能力；注重自身面向市场服务能力和竞争力的提高，为今后参与国家大型工程建设夯实基础。

2. 生态环境

甘肃省应把改善环境质量作为提高人民生活水平的重要内容，客观分析生态建设和环境保护形势及存在的问题，在尊重自然规律，立足经济社会发展的基础上，强化政府在生态环境保护中的主导作用，通过体制创新引导企业投资，鼓励公众参与；坚持治理与保护并重，保护优先；因地制宜，重点突破，在发展中不断改善生态环境质量。

（二）对创新软环境的需求

在硬环境基本具备的情况下，科学技术创新最需要的是提供给科研工作者在学术上能自由思考、充分交流，以及能激发创新思想的软环境。因此，对创新软环境的提升也不可忽视。

1. 政策及制度环境

（1）完善财政政策。继续加大政府对技术创新的资金投入，坚持市场导向原则，把握投向，坚决防止重复投资，坚持择优扶强原则，突出重点，点面结合，用新机制、新方法保证投资的高效益。完善有利于技术创新的税收优惠、费用扣除、加速折旧、投资抵免、亏损结转等政策，加强对税收优惠的监督，公平国内企业与外资企业税负，重视扶持中小企业的技术创新。

（2）完善知识产权保护制度。把知识产权作为甘肃省发展的战略性资源和提高国际竞争力的核心要素，建立健全专利行政管理机构，明确职能，充实力量，保障经费，加强对专利工作的领导和管理。鼓励面向社会、面向市场、面向企业的专利代理、信息咨询、技术转让等专利服务机构的建立和发展。深化知识产权行政体制改革，探索大知识产权管理体制，强化知识产权行政执法。在司法审判中，完善和推广知识产权刑事、民事、行政“三审合一”的审判方式改革。加强知识产权管理基础设施建设，完善有关信息检索查询系统。重视知识产权运营，探索建立知识产权交易中心。建立以行业协会为主导的国际知识产权维权援助机制。支持企业和科研机构主导或者参与标准制定，推动自主创新技术成为行业、国家和国际标准，鼓励知识产权标准化。

（3）完善技术创新信贷政策。加大对技术创新的贷款力度，加大对市场前景好、技术含量高、经济效益好的科技推广和技术改造项目的贷款支持。只要符合贷款条件，能提供合法可靠的担保，不论是科研单位、高等院校、科研生产联合体或民营科技企业，银行均可优先予以支持。

2. 市场环境

（1）实施和推进商标品牌战略。积极培育制造业商标，围绕甘肃省区域经济发展战略，依托现有的产业和产品优势，积极培育装备制造、高新技术和资源节约型、环境保护型产业、产品商标，全面提升装备制造业商标价值；大力发展特色农产品商标，鼓励农业企业、农民专业合作组织申请注册有地理标志特征的证明商标、集体商标；重点打造出口商品商标，推动企业积极开展国际商标注册，鼓励出口企业在国内和主要出口国家、地区注册商标；加快培育服务业商标，围绕加快现代服务业发展，积极实施服务业商标品牌战略，促进全省服务业转型升级；要增强拳头特色商标竞争力，打造一批有民族文化特色、体现民俗风情的驰名商标和著名商标。

（2）逐步建立更为规范的市场竞争环境。使市场竞争主体享有公平的竞争权利。对所有企业及其品牌一视同仁，不厚此薄彼，从而使其在全国市场享有平等的进入权、发展权和退出权。让工业企业都享有平等的市场准入机会，主要体现在对品牌的市场进入不设门槛等；让工业企业都享有平等的发展机会，主要体现为在品牌的培育、拓展、维护方面使用同样的资源，使市场竞争主体面对公平的竞争规则。

3. 社会文化环境

（1）培养全社会的创新意识和创新精神。大力弘扬敢于冒险、勇于创新、追求成功、宽容失败的创新文化，科技事业的真谛在于追求真理，不断开放的环境、不断更新的知识，要求我们保持一个在真理面前人人平等的社会文化氛围，形成一个平等参与、公平竞争的文化环境。构建激励创新的文化环境，必须倡导追求真理、热爱科学的价值观，树立鼓励竞争、崇尚合作的观念，培养开放、包容的团队精神，营造鼓励创新、宽容失败的社会文化氛围。

（2）重视基础研究，构筑知识平台。科学知识是人类认识活动的积累和总结，是认识实践的体现。科学知识和理论是技术发展的基础，也是企业技术创新的必要条件和前提。因此加强科学理论的基础研究是必不可少的环节。甘肃省基础研究的薄弱使大量技术，尤其是高新技术还处于以引进为主的状态，不利于企业技术创新能力的提高和持续发展。知识积累与技术储备不足，缺乏自主知识产权的核心技术，自主创新能力不强，已经成为制约甘肃省技术进步的关键因素。因此，必须重视和加强基础研究，建设科学研究与高等教育有机结合的知识创新体系。促进科研院所之间、科研院所与高校之间的结合和资源集成，加强社会公益科研体系建设，发展研究型大学，努力形成一批高水平、资源共享的基础科学和前沿技术研究基地。瞄准未来发展方向，结合当前重点领域发展的需要，加强基础研究和前沿技术研究，培养自主创新的科技基础。

（3）培养造就富有创新精神的人才队伍。培养大批具有创新精神的优秀人才，充分发挥科技人才的积极性、主动性、创造性。坚持贯彻尊重劳动、尊重知识、尊重人才、尊重创造的方针，全面实施人才强省战略，牢固树立人才资源是第一资源的观念，完善适合甘肃省科技发展需要的人才结构，不断发展壮大科技人才队伍。坚持在创新实践中发现人才、在创新活动中培育人才、在创新事业中凝聚人才。依托国家重大人才培养计划、重大科研和重大工程项目、重点学科和重点科研基地、国际学术交流和合作项目，积极推进创新团队建设，努力培养一批德才兼备、国际一流的科技尖子人才、国际级科学大师和科技领军人物，特别是抓紧培养造就一批中青年高级专家。形成有利于优秀人才脱颖而出的体制机制，最大限度地激发科技人员的创新激情和活力，提高创新效率，特别是要为年轻人才施展才干提供更多的机会和更大的舞台。加大引进人才、引进智力工作的力度，尤其是积极引进海外高层次人才，吸引广大出国留学人员回来创业。

（三）对创新外部环境的需求

甘肃省科技创新不仅要注重区域自身硬、软环境的建设，还要注重与其他地区的联系，提高区域间联系的通达性水平，并加强与国内外发达地区的交流合作，进而提高自身科技创新水平。

1. 通达性条件

（1）完善运输服务系统。研发适合西部多山、多黄土凹陷、多冻土等复杂地质条件下的现代铁路、高速公路勘探、建设和改造技术，逐步形成路网布局结构合理、各种运输方式相辅相成、技术装备和管理水平先进的开放型、多层次综合立体运输网络体系，提升运输装备技术水平加强运输管理，增强运输服务功能的先进综合管理技术。

（2）加快信息传递速度。加快物流信息化建设，以信息化带动物流现代化，加大互联网在物流业中的运用力度，引导物流企业积极利用物流电子数据交换（EDI）等技术，通过网络平台和信息技术将企业经营网点连接起来，并通过网络与用户、制造商、供应商及相关单位进行联结，实现资源共享、信息共用，对物流各环节进行实时跟踪、有效控制与全程管理。

2. 对区域间合作与联系的需求

（1）积极迎接东中部辐射。东部地区经过20多年的高速发展，面临产业结构升级转换的压力，必然将其产业渐次向中西部转移，甘肃省应该抓住机遇，积极引进先进技术和资金，解决经济发展的瓶颈问题。对东部放开一切可以放开的领域，将甘肃省的资源优势更好地与东部的技术结合起来，积极主动地推进与东部经济的融合。可考虑建立东中部与甘肃省对口合作关系和机构，以加强东中部与甘肃省的经济技术合作。同时，甘肃省在面向21世纪的经济发展过程中，需要进一步利用直接的国际渠道，加强与世界的联系，加大对外开放力度。

（2）加强与周边省市的合作。甘肃省开发潜力巨大，在现有区域经济协作的基础上，进一步强化市场配置和政府调控相结合的要素优化组合新机制，打破市场壁垒、条块分割和地方保护主义的体制性障碍，采取重点突破、有序发展的措施，完善区域市场的基本构架，形成以要素市场为重点的区域大开放、大流通与大市场的格局。以区域主导产业发展为基础，对区域内丰富的矿产资源、农牧资源、旅游资源和人力资源，实行统一整合，优化配置，共同开发，推动甘肃省与周边各省份的关系朝着“合理分工、相互协作、协调发展”的方向发展。

（3）加强高新科技领域的国际交流与合作。加强甘肃省与世界在科技前沿领域的交流和合作，培养国际化、专业化的人才队伍，努力建立开放、流通、竞争的人才机制，培养创新型人才。继续发挥高新技术成果交易会的作用，加强对甘肃省科技创新活动的宣传和展示，促进甘肃省与国内外在高新技术领域的交流。

五 对政府宏观管理的需求

政府在当代科技创新中的角色定位：首先，政府是公共管理者；其次，在某些关键或基础领域，政府应该是科研活动的主要投资者；最后，政府还是科技创新产品的消费者（牛忠志，2009）。甘肃省属于典型的欠发达地区，地方政府在区域创新系统构建中发挥着关键的作用，政府成为推动区域创新的主导力量。甘肃省社会经济的发展对政府的宏观管理有以下几方面的需求。

（一）对政府政策引导功能的需求

1. 编制科技创新战略规划

甘肃省科技创新体系建设需要有明确的创新发展战略和切实可行的科技创新战略规划。政府作为社会的公共管理者，必须以创新体系组织者的角色，根据甘肃省政治、经济、科技和文化条件，结合国际国内科技创新发展形势，制订科技创新战略计划，增强知识产权创新能力，增强科技促进经济社会发展和保障国家安全的能力，增强基础科学和前沿技术研究综合实力，取得一批在国内具有重大影响力的科学技术成果。

2. 完善财政激励政策

（1）政府的研发补贴政策。国际社会科技发展经验表明，政府应当加大对知识产权创新的投入，特别是加强对市场失灵领域公共产品的投入，如基础研究、战略性研究项目和教育的投入等。政府的直接投资，可以为技术创新提供物质支撑和资金储备，引导产业技术创新方向，刺激技术创新经费增长。政府研发补贴主要支持特定科研主体，尤其是高技术企业的研究开发活动。研发补贴包括政府设立的各种创业（创新）基金，可以作为创新项目的“种子资金”，也可用以扶持高新技术小企业的创业，还可以为企业创新项目的贷款提供担保。

（2）政府的税收扶持政策。税收优惠主要是为从事技术活动的企业提供单一的、非歧视性的税收减免优惠，是一项普惠性间接影响创新的政府资助形式范旭和韩野，2006。税收优惠是对增加研究开发投入的企业、对应用新技术开发新产品的企业、对产学研合作等给予税费征收的优惠，包括税收减免、税收扣除、加速折旧、设立科研开发准备金制度和风险投资税收优惠等。

3. 政府采购导向作用

政府的采购支出在不同产业和行业的分布体现了政府的政策倾向。当政府的采购资金向科技创新产品倾斜时，表明政府实行扶持高新技术的产业政策，同时由于其政策示范效应，也将引导私人资本流向科技创新产品及产业，实现对科技创新的扶持作用（骆建文等，2009）。

（二）对政府行政管理科学性的需求

1. 调整管理方式

科技计划管理要调整现有的选项方向和立项方式，实施动态、跟踪管理，随时把握项目的研究方向，不断提高项目的显示度，尤其要进一步强化政府目标，认真做好顶层设计，提高项目遴选的目标性、科学性和前瞻性。项目在确定立项的时候就要预测结题的成果形式，应鼓励专利技术项目和工程技术项目立项，加大宏观调控力度。

2. 提高行政效率

大力改变多头管理、互相制约、效率低下的局面，政府及其科技行政管理部门要积极发挥对整个创新组织体系的指导作用，不断强化战略性科技目标管理。甘肃省科技厅应尽快建立甘肃省科技创新专家委员会，吸收高校、科研机构、企业等社会各方面的学者和管理者参与，不定期地召开专家委员会会议，讨论研究涉及甘肃省的重大科技问题，对规划、计划、科技政策等进行咨询，对相关重大科技问题的决策提出咨询意见，提高科技管理部门宏观决策的科学性和民主化管理水平。

（三）对政府营造创新环境的需求

1. 健全科技创新法治环境

（1）完善科技创新法制体系。推动修订或研究起草有利于促进甘肃省科技进步和创新的地方法规，并根据《国家中长期科学和技术发展规划纲要（2006—2020 年）》《中共中央国务院关于实施规划纲要增强自主创新能力的决定》《国务院关于实施国家中长期科学和技术发展规划纲要（2006—2020 年）若干配套政策的通知》等有关中央文件，组织有关部门进一步研究制定支持科技进步的政策，营造有利于科技发展、科技创新的法律、政策环境。增强现有规范的可操作性，针对科技创新的新问题及时建立规范性文件，不断完善甘肃省科技创新法制体系。

（2）政府要加大执法力度。各级政府要强化法律法规在社会生活中的实施，鼓励科技创新，打击违法侵权行为。在这一环节，科技执法队伍建设、执法环境的改善、公民科技法制观念的培养等工作任务艰巨。

2. 健全科技创新市场环境

（1）政府采购从市场需求拉动角度促进科技创新。政府的采购规模巨大，政府采购的品种、数量、频率等都将直接影响企业的行为。当政府采购有意识地向自主创新产品倾斜时，便能够创造出对科技创新产品的巨大市场需求，从而大大地刺激生产者科技创新的积极性，并通过政府的消费示范作用带动整个社会对科技创新产品的需求。

（2）政府参与风险投资。政府的风险投资计划通常是为了获得公众利益，即推动创新，促进经济增长和创造就业机会。政府风险投资还有助于填补“投资空白”，为企业发展，尤其是中小企业的创新活动提供资金保障。

第五章 甘肃省区域创新体系构建战略

第一节　甘肃省区域创新体系建设基本原则

在区域建设高度开放的条件下和区域经济发展的新阶段，科技创新资源要素也呈现出了新型流动趋势。因此，甘肃省要创造良好的科技创新环境，依靠本地区的特色优势资源吸引域外的科技创新资源，内外结合，巧妙用好科技创新资源要素，构建适合本地区需要的开放式区域科技创新体系。

（一）政策先导原则

甘肃省创新体系必须服从国家总体部署，2010 年 5 月初，国务院办公厅出台《关于进一步支持甘肃经济社会发展的若干意见》，因此甘肃省要根据“国办 47 条”文件站在全局和战略的高度，充分发挥政府的引导推动力，做好“政策对接”，注重科技创新的重点与区域经济规划、国家产业政策、技术政策、企业产品发展方向的结合，建立健全与科技创新活动相适应的市场机制，发挥政府在科技资源配置中的引导调控作用和市场需求的导向作用，合理配置科技资源，吸引域外的科技创新资源，提高科技资源的集成度和使用效率。重视原始创新，强化各创新主体的创新功能，引进、消化、吸收再创新，抢占科技和经济的战略制高点。创造性地优化创新环境，健全科技创新政策体系，努力形成较为完备的科技创新政策框架，大力提升区域自主科技创新能力。

（二）以人为本原则

在科技创新中知识创新起着决定性作用，但知识是以人为本的，而以人为本的根本在于充分调动科技人员参与创新的积极性。因此，要加大科技创新的舆论宣传力度，动员全社会力量积极投身于科技创新，为建设创新型甘肃省营造良好的舆论环境，努力营造尊重劳动、尊重人才、尊重知识、尊重创造的社会氛围，培育敢为人先、勇于创新、宽容失败的创新文化和人文环境，弘扬科学精神、奉献精神和团队精神。激发全社会对创新工作和创新精神的尊重，使在科技创新工作中做出贡献的广大科技人员政策上有荣誉、经济上有实惠、社会上有地位，形成鼓励、支持科技创新的良好条件。增强对科技创新工作的决策意识、执行意识和监督意识，要把强化科技创新意识作为牢固树立和落实科学发展观、加强党的执政能力建设的重要内容，认真贯彻落实科技工作的各项政策法规，依法行政，把科技创新工作纳入法制化轨道。

（三）统筹整合原则

以推动创新体系的建设为出发点，统筹全社会创新力量，整合各种创新资源要素，在强化企业等经济行为主体创新功能的基础上，重点推进创新活动的网络化和社会化。坚持科技创新与制度创新、组织创新、管理创新相结合。充分发挥政府在区域创新过程中的引导和助推作用，加大对市县科技管理部门的指导、支持力度，加快市县科技创新服务平台建设，不断强化市县科技公共服务能力与水平，推动全省科技工作科学发展的良好态势，为科技创新创造良好的政策、法规、组织、管理和设施环境。引导企业、科研院所、高校和中介服务机构在加快改革中建立创新机制，从根本上增强创新体系的活力，密切管、产、学、研的联系和合作，增强科技与社会发展的互动作用，不断优化科技资源配置，加快形成区域创新的有机整体，加快创新型甘肃建设。

（四）区域特色原则

根据甘肃省各市（州）各自的特色资源和产业发展重点，立足自身基础和优势，着力建设具有自身特色的创新体系，以适应甘肃省经济发展对创新的特殊要求，形成具有市场竞争优势和可持续发展的科技支撑，为本地区的产业发展提供充足的科技支持。根据自身的经济、社会、科技发展基础和未来发展趋势，坚持科技创新与本地区的资源优势、基础条件、产业演进方向相结合，充分发挥区域层次上的协调功能，使甘肃省各级创新中心能够有机联系起来，区域分工协作更趋合理。以创新效益为目标，选择合适的科技创新模式，提高科技生产力布局的总体效益。要积极开展有区域特色的创新平台，寻找科技创新的突破点，不断研究开发新技术、新成果和新产品，推动科技进步，建设有助于甘肃省发展的创新体系。

（五）系统开放原则

甘肃省在进行科技创新体系建设时要避免封闭、画地为牢的做法，必须坚持“开放、合作、共赢”，淡化狭义的部门观和地域观，尽快转变科技、教育、经济系统，以及不同隶属关系之间的割裂状态，把开放合作和加强产学研紧密结合作为自主创新体系建设的战略途径。鼓励区域内外开展广泛的科技交流与合作，进行各类科技创新资源要素的整合，使省内各类创新资源能够联动整合、整体推进。同时，加强与国内外的开放合作，融省内创新体系于全国和全球创新网络之中，充分利用当代信息网络技术手段和信息资源，强化开放型的创新活动，通过联合研发和引进、吸收、转化等技术途径，破解经济社会发展中的重大、关键技术难题，增强区域创新能力，实现大联合、大协作、大创新的新格局。

（六）协调高效原则

坚持建立区域创新体系建设的部门协调机制，协调创新体系中不同要素、不同主体之间的关系，以经济利益为基本杠杆，坚持“引导、培育、扶持、保护”的综合措施，把培育壮大主体和丰富发展载体作为自主创新体系建设的战略任务。重点发展壮大骨干、龙头企业，大力发展民营科技企业和中小型企业，着力强化企业在自主创新体系中的关键地位。发挥高校、科研单位和科技人才队伍的骨干作用。加强企业研发中心、重点实验室、产业集聚区、科技园区和科技中介组织等创新载体建设，推动甘肃省自主创新体系高效健康发展。坚持以发展高新技术产业为先导，着力改造提升传统主导产业，把构建现代产业体系作为自主创新体系建设的战略主攻方向。以支持重点领域技术研发和实施重大科技专项为抓手，以骨干企业、重点行业和产业集聚区为载体，突出重点、长短结合、统筹兼顾，集中力量解决产业发展中的重大科技问题，全面提升甘肃省的综合竞争力。

（七）可持续发展原则

创新是实现甘肃省经济社会可持续发展的根本动力，加快发展低物耗、低污染、高技术含量、高附加值的知识技术密集性产业，促进经济发展转向主要依赖智力资源，应坚持科技创新与技术改造、技术引进和结构调整相结合，在延长产业链，开展绿色生产、集约生产的基础上，应高度重视具有市场前景的先导产业的培育，为未来主导产业、主导产品的替代升级奠定基础。

第二节 甘肃省区域创新体系建设的目标

一 指导思想

以邓小平理论和“三个代表”重要思想为指导，以科学发展观统揽科技创新工作全局，全面贯彻国家“自主创新，重点跨越，支撑发展，引领未来”的科技发展指导方针，按照“中心带动、两翼齐飞、组团发展、整体推进”的区域发展战略，坚持实施科教兴省战略和人才强省战略。以加快甘肃省发展和建设创新型社会为根本目标，坚定地把提高自主创新能力作为调整经济结构、转变增长方式、增强区域竞争力的中心环节，坚持自主创新与开放合作相结合，着力构建以企业为主体、市场为导向、产学研相结合的区域创新体系，加快抓好新产品、新技术、新工艺的研发，推进成果转化，不断增强自主创新能力，努力为甘肃省经济社会全面协调可持续发展提供科技支撑。

二 总体目标

（一）完善创新体系

加快建立以企业为主体、市场为导向、产学研紧密结合的技术创新管理体制和运行机制。一是深入实施技术创新工程。针对甘肃省在新能源、新材料、生物医药、装备制造、电子信息、特色农业等领域已经成长起来的一批骨干型企业，重点在企业技术装备升级、主导产品更新换代等方面实施一批重大科技专项，加大科技扶持力度，积极引导重点企业不断开展技术创新活动，发挥好辐射带动作用。实施名牌战略，鼓励开发具有自主知识产权的专利产品，重点支持拥有名牌产品、先进技术的企业加快发展。依托兰州新区和各类开发园区，加快培育引进一批科技型企业，并依靠这些企业的带动，提升甘肃省产业发展的质量和水平。进一步建立健全中小微型科技企业服务体系，加大对中小微型企业技术创新的支持力度，积极引导中小微型企业创造、吸纳、承接和转化科技成果，扶持200家科技型中小微企业，重点培育20家创新能力强、销售收入在3000万元以上的“小巨人”科技型企业。二是建立以企业为主导的产学研用协同创新机制。加强政府对产学研合作的引导支持，落实企业研发费用税前加计扣除政策和高新技术企业税收优惠政策，促进企业做大做强。三是加强对不同行业企业研发投入和产出的分类考核。建立健全国有企业技术创新的经营业绩考核制度，落实和完善国有企业研发投入视同利润的考核措施，加强对不同行业研发投入和产出的分类考核。发挥好中小型科技企业和民营科技企业在技术创新中的生力军作用，在科技政策和经济政策上给予公平公正的待遇。四是鼓励企业建立技术研究开发机构和中试基地。优先在具备条件的行业骨干企业布局省级工程技术研究中心和重点实验室，引导、支持企业与高校、科研机构合作建设研发机构和中试基地，鼓励有条件的企业设立博士后科研工作站、院士工作站。培育命名30家左右具有较强市场竞争优势和产业创新优势的专利试点企业和3个熟悉国际规则、具备实务操作能力和较强影响力的知识产权服务机构。五是组织实施省级高新技术企业认定工作。引导企业实施知识产权和标准战略，充分发挥科研机构的骨干作用和高校的基础作用。六是启动实施“六个一百”企业技术创新培育工程。按照“十二五”时期甘肃省区域创新体系建设的任务，重点培育100家科技创新型企业，依托企业开始着手建设100个工程技术研究中心、实验室和协同创新中心，引进和培育100个科技创新创业团队，重点资助100个重大科技成果转化项目，培育100个国家级科技新产品，提供贴息补助支持100亿元科技贷款。

（二）搭建创新平台

加快建立以资源整合共享为核心、对区域技术创新体系提供高效服务的公共科技平台服务机制。一是启动建设高新技术产业聚集区。按照省市共建、以市为主的模式，重点支持兰白、天水、金武、酒嘉4个高新技术产业创新集群建设，使其成为区域经济的重要板块和加速器。加强与科技部火炬中心的合作，共建“兰州新区科技创新城”，加强与兰州新区的合作，加快建设兰州新城孵化器建设步伐。二是加强重点实验室、工程技术研究中心、新型农村科技服务组织、科技基础条件等科技平台建设。以工程技术研究中心、重点实验室、协同创新中心为依托，整合科技资源，建设公共科研实验平台。根据产业发展需要，积极引导、依托企业建立相应的研发机构，推进大中型企业、企业集团与高校、科研单位以产权为纽带联合共建技术中心或中试基地。三是充分发挥科技园区和产业带的技术创新载体作用。建设一批省级重点科技产业园区，为科研成果熟化、系列产品开发、高新技术成果示范提供基础条件。不断完善科技企业孵化器、生产力促进中心、大学科技园、技术转移机构等组成的科技中介服务体系建设。组建一批自律规范的行业协会，依托行业协会及行业技术中心等机构，为企业技术创新提供支持。四是促进科技与金融结合。推动商业银行设立从事科技型中小微企业金融服务的专业机构或特色分（支）行，组建科技小额贷款公司和科技担保公司。落实财政科技金融专项资金支持政策，培育和发展创业投资，设立省科技创业投资引导资金，整合1亿元资金，吸纳金融资金、国内外创业风险投资机构资金及社会资金参与，通过5年的努力，资金总额达到20亿～50亿元。培育和发展科技保险市场，制定科技保险保费补贴政策，推动保险机构开发创新型科技保险产品。推动知识产权和股权质押贷款。充分利用资本市场的直接融资功能，未来5年培育10～20家科技型企业首发上市。

（三）推动成果转化

加快建立以应用为导向、以技术转移与成果转化为核心的科技成果产业化机制。一是建立健全多元化的科技成果评价体系和成果发布机制。围绕有利于科技成果的商品化、资本化、产业化，修订技术鉴定、成果奖励等评价方法。二是加强技术市场管理。支持有条件的部门和市（州）建立常设技术市场、知识产权交易市场和信息市场，鼓励面向企业的技术开发、技术转让、技术咨询和技术服务，鼓励企业围绕市场和民生需求转化新型实用的科技成果，加快产品更新换代。按照拨款资助、有偿资助、后端补助、股权投资、贷款贴息、以奖代补等方式，重点支持高投入、高风险、高产出的科技成果转化。三是开展国家及省级科技计划项目产权交易试点。创建区域技术转移服务示范机构，完善财政税收、金融保险、工商管理、土地流转等方面的配套政策，落实成果落地转化的税收优惠政策，保护科技成果所有者的合法权益。利用高新技术集中突破一批具有较强技术关联性和产业带动性的重大技术难题，提高重大装备国产化水平与关键性技术自主创新能力，培育一批在国内具有明显市场竞争优势和自主知识产权的工业、农业和服务业科技创新名牌新产品。四是建立完善股权激励机制。完善促进企业自主创新的股权激励政策，健全有利于科技成果产业化的分配制度。落实国有企业股权奖励及科技成果作价奖励。省级财政科技经费投入要占股并可将产生的效益奖励给成果持有者，变直接补助为股份代持，提高财政资金的使用效能。制定事业单位职务发明成果股权奖励操作流程，出台配套优惠政策。

（四）培养创新人才

加快建立以人为本、事业留人、柔性流动，鼓励创新创业的人才保障机制。一是建立健全激励机制。建立健全鼓励科技人才柔性流动的政策体系，鼓励高校、科研院所和企业创新人才双向交流。探索科研关键岗位和重大科研项目负责人公开招聘制度。改革专业技术职务聘任和岗位聘用制度，改变片面将论文数量、项目和经费数量、专利数量等与科研人员评价和晋升直接挂钩的做法，突出科技成果转化与产业化的业绩评价权重。二是完善人才培养机制。继续加大人才培养力度。省属科研院所、高校在机构编制范围内分别按机构编制人数的20%、30%设置流动岗位，吸引高层次人才。积极协同甘肃省教育厅实施“星光计划”与育人计划。三是完善人才评价机制。建立以科研能力和创新成果及其应用为导向的科技人才评价标准，鼓励科技人员到企业一线开展研发活动。探索人才资源优化配置新模式，建立高校、科研院所与企业选派科技人员双向流动制度，通过产学研结合提升科技人员创新创业能力，将成果及转化运用的实际成效作为人才评价、职称评定的重要依据。四是完善人才选拔机制。紧紧围绕甘肃省优势产业的发展需求，继续培养和选拔领军人才和各类高层次人才，有针对性地引进、调配和补充紧缺人才和重点人才。科技奖励重点向创新创业人才倾斜，重点支持优秀青年科技人员主持科研项目，加快后备人才队伍的成长。落实人才创新政策，改革分配制度，真正形成岗位靠竞争、报酬靠贡献的激励机制。落实技术要素参与收益分配政策，激发科技人员创新创业的积极性。五是完善人才创业机制。鼓励地方和企业建立人才引进发展资金，完善院士工作站、博士后工作站运行机制，培育一批以企业为核心的创新团队。支持大学生自主创新创业，重视工程实用人才、紧缺技能人才和农村实用人才培养。继续选派科技人员到基层政府和企业任（挂）职。

三 具体目标

甘肃省科技创新体系建设的总体目标需要具体目标来做支撑。具体目标包括研究开发能力目标、科技人才目标、科技体制改革目标、科技投入保障目标、科技创新能力目标、高新技术产业发展目标。

1. 研究开发能力目标

（1）科技创新能力显著提高，有色、化工等优势领域的新材料技术研究开发达到国内领先水平，石油化工、冶金、有色等重点行业的技术创新和市场竞争能力居国内中上游水平，生物制药及中（藏）药产业发展和关键技术取得重大突破，行业总体技术水平进入国家先进行列。科技创新能力进入西部地区先进行列。

（2）企业成为技术创新的主体，到2015年，全省创新能力主要指标达到西部地区平均水平以上，基本建成功能明确、结构合理、良性互动、运行高效的区域创新体系；规模以上工业企业技术研发经费投入占销售收入的比重达到1.5%以上；拥有省级以上技术中心的工业企业技术研发经费投入占销售收入的比重达到3.5%以上；全省高新技术产业增加值占工业增加值的比重达到7%以上。

（3）农业科技自主创新能力、转化应用能力进入国家先进行列，草畜、特色种植及加工等主要农业产业技术达到国内先进水平。科技进步因素在调整农业结构、增加农民收入中发挥重要作用，农业综合生产能力显著提高，建立起比较完善的农业研究开发体系和农村科技服务体系。

（4）研究开发节能技术和生态化技术，万元GDP的能耗要降低20%以上。

2. 科技人才目标

“十二五”时期，继续实施人才强省战略，立足科技进步和劳动者素质提高，加强人力资源开发和人才队伍建设，围绕战略性新兴产业和特色优势产业，突出培养造就创新型科技人才，大力开发经济社会发展重点领域急需紧缺人才，为建设工业强省、文化大省和生态文明省提供全方位的人才支持。加强重点区域人才开发，按照功能定位、突出重点、优化布局、统筹推进的思路，加强兰白核心经济区，平庆、酒嘉经济区和其他经济区等重点区域人才开发。统筹推进党政人才队伍、企业经营管理人才队伍、专业技术人才队伍、高技能人才队伍、农村实用人才队伍等人才队伍建设。到2020年，人才发展总体达到西部地区平均水平，在重点领域形成比较明显的人才优势。

3. 科技体制改革目标

推进科研机构管理体制改革，完成应用性科研机构的转制，使应用开发机构成为企业技术创新的重要组成部分，非营利机构普遍建立起现代科研院所管理制度，发展一批有助于甘肃省科技发展的科技非政府组织。积极推进科技企业孵化器、民营科技企业和技术市场发展，着力培育50个重点科技中介服务机构，社会化科技服务体系基本完善。

4. 科技投入保障目标

加大科技经费投入，调动社会各方面的积极性，把加大科技投入作为推动经济结构调整的战略取向，努力形成以企业投入为主体、政府投入为引导、各类金融资本广泛参与的多元化科技投入体系。加快科技与金融的有效结合，积极探索更多的科技金融合作模式，推进科技创新的金融保障体系建设。加大对科技型企业信贷支持，开展科技担保体系建设，大力推动风险投资的发展，引导更多的社会资本进入创业投资领域。

5. 科技创新能力目标

在5~10年内要取得一批具有自主知识产权的重大科技成果，培育一批具有核心技术或核心竞争力的企业和名牌产品，专利申请量和授权量年均增长15%以上，技术合同交易额年均增长15%。科技进步对经济发展的贡献率达到50%以上；科技对外依存度降低到30%以下。高度重视科技成果的推广应用，切实保护知识产权，力争每年推广应用和转化科技成果30项以上。

6. 高新技术产业发展目标

大力发展高新技术产业，高新技术产业产值年增长20%以上，高技术产业增加值占工业增加值的比重达到12%以上。加大科技招商和技术引进力度，每年力争引进5~10个有分量的高新技术项目。

第三节　甘肃省区域创新体系的重点任务

(一) 创新战略平台建设

核心是推动企业技术创新，打造区域核心竞争力。引导和支持各种创新要素向企业集聚，加快建立以市场为导向、以企业为主体、以高校和科研机构为支撑的创新体系，推动企业成为研发投入的主体、创新活动的主体、成果转化的主体、产学研合作的主体，推动产业园区、“兰天金酒”创新集群建设，为打造西部科技创新高地奠定坚实基础。突出区域创新体系建设，着力强化科技资源重组整合、开放共享。加快建设开放式的专家咨询、成果交易和科技资源共享平台，开展技术开发、技术转让、技术咨询和技术服务。突出人才队伍建设，着力完善创新创业机制。进一步修订和完善全省科技奖励办法，健全科技人才激励机制。突出企业研发投入，着力构建科技投融资体系。设立科技创新基金，主要用于发展战略性新兴产业、培育高新技术企业。

（二）文化战略平台建设

围绕丝绸之路经济带和甘肃省华夏文明传承创新区建设，按照国家关于甘肃省发展的战略定位和建设文化大省的总要求，打破现有行政界限，统筹全省文化资源和各类生产要素，以文化建设为主题，以经济结构战略性调整和经济发展方式根本性转变为主线，以“一带”“三区”“十三板块”为核心，推动文化战略平台建设，使大多数文化遗产得到保护，形成完善的公共文化服务体系，打造特色文化产业基地和西部现代文化创新发展高地，扩大甘肃省文化的国家影响力和国际传播力。“一带”是丝绸之路文化发展带；“三区”是以始祖文化为核心的陇东南文化历史区、以敦煌文化为核心的河西走廊文化生态区和以黄河文化为核心的兰州都市圈文化产业区；“十三板块”是文物保护、大遗址保护、非物质文化遗产保护传承、历史文化名城名镇名村保护利用、民族文化传承、古籍整理出版、红色文化弘扬、城乡文化一体化发展、文化与旅游深度融合、文化产业发展、文化品牌打造、文化人才队伍建设、节庆赛事会展举办。把华夏文明的保护、传承、展示、创新、发展紧密结合在一起，使之与时代精神相融合，与甘肃省转型跨越发展相融合，与人民群众的文化需求相融合，打造文化战略平台。

（三）生态战略平台建设

甘肃省是黄河、长江的重要水源涵养区，也是我国生态系统最脆弱、最复杂的地区之一，生态地位十分重要。构筑西北乃至全国重要的生态安全屏障，既关系到甘肃省经济社会的可持续发展，也关系到国家生态安全大局。打造甘肃省国家生态安全屏障综合试验区这一生态战略平台，实施祁连山生态环境保护和综合治理规划。建立河西走廊国家级高效节水灌溉示范区。调整黑河分水方案，推动黑河流域上中下游经济社会协调发展。实施祁连山人工增雨（雪）体系工程，提高祁连山地区空中云水资源开发利用能力，维护甘肃省水资源和粮食安全、提高防灾减灾能力。通过实施重点区域和流域生态综合治理，促进生态建设与扶贫开发协同推进，力争到2015年年初步建成承担国家生态安全功能的重点生态试验区、生态友好型产业发展试验区、人与自然协调发展生态富民试验区、生态补偿机制创新试验区，努力探索出一条内陆欠发达地区转型跨越发展与生态文明建设相结合的路子。

第四节 甘肃省区域创新体系建设的布局

根据国务院《关于进一步支持甘肃经济社会发展的若干意见》，甘肃省省委、省政府“四抓三支撑”总体工作思路和“中心带动、两翼齐飞、组团发展、整体推进”区域发展战略目标，甘肃省区域创新体系建设的布局要注重空间布局和结构布局，构筑以优势产业为基础的、特色突出的开放型创新体系，形成分工协作、优势互补、相互交融、协调发展的区域创新格局。因此，甘肃省区域创新体系建设区域布局是：以兰州市为中心，“西线”，即河西“玉门、嘉峪关、张掖、武威、金昌”五地市沿陇海铁路线展开创新布局。“东面”，即以“白银、天水、平凉、庆阳”城市为节点展开创新布局，并以此来辐射和带动其他地区科技创新能力的提高。

一 兰白经济圈核心创新区

甘肃省区域创新布局，首先是支持兰州率先发展，建设兰州—白银“都市经济圈”，充分发挥兰州这一中心城市的龙头带动作用，进而向东西两翼辐射，带动全省经济社会协调发展。

兰州是全省科技资源最集中的地区，无论科技组织、人才、财力资源，还是科技产出，均居全省首位；科技进步水平连续五年均居全省第一位，是全省科技创新能力最强的地区。

兰白核心创新区建设，要重点发挥兰州科技和产业辐射带动作用，重视发挥兰州科技、教育资源相对富集的优势，加大科技与经济的融合，依托兰州石化、兰州高新技术产业开发区、兰州经济技术开发区，加快石油化工、有色冶金、生物医药、装备制造业等支柱产业的发展，以科技创新改造提升传统产业、积极培育新兴产业。对传统产业进行技术改造，扩大生产规模，延伸产业链，提高产品附加值，增强市场竞争力。要培育发展新兴产业，即发展以石油炼化、石化产品精深加工为主的化工产业，以汽车制造、机电装备为主的先进制造业，以生物制药和食品饮料为主的生物医药和食品加工产业，以镍、铝、钢材、碳素等深加工为主的有色冶金产业，以特种电池和太阳能开发利用为主的新能源产业，以特种纤维生产为主的新材料产业及其他高新技术产业。同时，按照“一区多园”和产业集群发展的思路及模式，加强园区资源整合，合理搞好产业布局。要在继续抓好雁滩高新区、安宁经济技术开发区等产业园区发展的同时，重点抓好彭家坪园区、西固蓝星石化新材料产业园区、空港循环经济产业园区，以及西固石化城、榆中金川科技产业园等产业园区的建设。要着力完善基础设施，加大招商引资力度，积极引进一批大项目、好项目，加快推进工业企业“出城入园”，加速产业聚集，通过培育和发展新兴产业，加快构建和形成符合兰州经济发展要求的产业体系。

有效利用白银较为丰富的土地资源、矿产资源、电力资源、劳动力资源等，结合白银资源枯竭型城市转型，合理进行地区产业分工，科学有序地推进有色冶金、生物医药、装备制造等产业向园区聚集，优化兰州和白银的产业布局，实现优势互补，各展所长，促进兰白都市经济圈发展。在空间发展“以线串点、以点带面”，发挥兰州“率先、带动、辐射、示范”的作用，带动定西、临夏等周边城市的发展，逐步打造连接东西两翼，横贯西北地区的城市通道经济带。

二 陇东煤化工、生态高效农业创新区

按照区域分工和特色，陇东是煤化工、高效农业成果转化中心、高新技术产业化中心。平凉、庆阳区域科技创新资源具有突出特点：有较好的科技资源基础，大中型企业创新能力较强，特别是石油、电力、煤炭等行业的大中型企业较为突出，更重要的是拥有特殊的区位优势。

陇东创新体系建设要紧紧围绕能源化工、交通水利、特色农业、生态环保等领域，开展科技创新，促进科技与产业融合。一是能源化工重点技术攻关。按照建设大型绿色能源化工基地的总体部署，结合科技创新，全力加强石油煤炭资源勘探开发中的技术研发、关键环节中的技术攻关，改进工艺更新设备，提高生产技术水平，增大产品科技含量。二是特色农业重点技术攻关。创新智力支农、知识务农、科技兴农的机制，积极引进推广农业新品种、新技术，重点推广全膜双垄沟播、测土配方施肥、保护性耕作、节水灌溉、改良土壤等旱作农业生产技术和日光温室、塑料大棚等高效农业生产技术，以及标准化设施养殖、秸秆青贮氨化等养殖生产技术，实行良种提纯复壮、更新换代，扩大新品种覆盖面。加强院地、院企科技合作，加快科技成果转化、先进技术推广应用和科技下乡入户，推动实现粮油、草畜、林果、瓜菜产业化生产技术全面升级，促进农业高产、高效、优质发展。三是可持续发展技术攻关。按照可持续发展的基本要求，以节能节水和生态环境保护为重点，加强水资源保护、水资源合理利用、生态环境修复等领域的技术攻关和技术推广，研究开发黄土高原沟壑区水资源高效利用的科技理论创新和技术应用。进一步完善科技研发与服务体系，加大科技人才引进、培养力度，进一步完善科技研发、引进和推广、应用机制，加大科技事业投入。经过10年努力，力争科技创新能力达到中西部地区发达城市的同期水平，优势产业的核心技术居省内同期先进水平，部分产业技术达到国内先进水平，科技进步对经济增长的贡献率达到60%以上。要把

陇东建设成为煤化工与农业高新技术产业化基地、科技成果转化基地、绿色农业示范基地，形成知识创新—知识流动—成果转化—能源基地的良性循环系统。这一区域是甘肃省建立开放型区域创新体系的前沿，也是甘肃省技术跨越带动经济跨越式发展的重点区域，将成为甘肃省率先发展的先导地区。

三 “酒嘉”新能源创新区

酒泉和嘉峪关两市地缘关系紧密，历史文化源远流长，民风民俗融合互通，资源相对富集，产业基础较好。特别是随着新能源产业的开发和快速发展，两市已形成以新能源和新能源装备制造、冶金、石油化工、建材等为主的工业体系，以制种、酿酒原料、果蔬加工、畜禽、棉花等为主的特色农业体系。酒嘉地区作为甘肃省区域发展战略“西翼”中的核心支点，实施科技创新战略，不仅有利于两市优势互补，也可以实现资源开发和利用的最大化。

“酒嘉”新能源创新区的创新体系建设内容：一是以建设新能源和新能源装备制造基地为契机，依托省级风光电装备制造产业园和金风科技、华锐风电、中材科技、东气集团、华电集团等大企业与高等院校及科研院所共建研发基地，加大研发投入，在引进消化吸收的基础上，开发拥有自主知识产权的数字风机和太阳能光伏、光热成套设备。依托国家级酒钢企业技术中心等科研院所的技术力量，共建冶金新材料中试孵化基地，加快技术成果转移转化。依托玉门油田、中核四〇四集团的技术力量，大力延伸产业链条，开发下游产品。依托国家级高新技术企业大禹公司、省级高新技术企业敦煌种业等，大力开发拥有自主知识产权的节水设施和农副产品精深加工技术。加快创新主体、创新要素、创新机制和创新服务等方面的建设，构建以政府组织协调、企业为主体、市场为导向、高校和科研院所为依托的产学研联合技术创新体系，大力提升集成创新、自主创新研发能力。到2015年，建成4～6个国家级企业技术中心或工程技术研究中心。

四 关中—天水装备制造业和现代农业创新区

天水是西北地区重要的工业城市，是国家老工业基地之一。目前，天水有工业企业749家，形成了以加工制造业为主体，电子电器、机械制造、轻工纺织三大行业为主导，食品、建材、化工、冶金、皮革、烟草、塑料等行业竞相发展、门类较多、技术装备较好、具有一定实力和特色的区域工业体系。

关中—天水装备制造业和现代农业创新区的创新体系建设主要围绕以下三个方面。

一是提高创新型企业等重点企业技术创新能力。以国家级创新型企业天水星火机床有限公司为依托，重点开展数控机床、重型机床、精密机床和成套设备、风力发电设备、兆瓦级风电制造、太阳能发电、单晶硅太阳能电池片、超高压延太阳能光伏玻璃等研发。以天水锻压机床有限公司为依托，采用多缸同步液压技术和全自动数控技术研发大口径矩形管成套设备。以天水长城开关厂有限公司和天水二一三电器有限公司为依托，研制高压开关设备、真空断路器、小型化开关设备并不断拓展和实现产业化（126 千伏 GIS、252 千伏 GIS、550 千伏 GIS、1000 千伏 GIS 超高压领域拓展），研究及应用智能化环保低压电器关键技术。以天水华天科技股份有限公司为依托，自主研发高端集成电路封装技术，实现封装的高性能、高密度、多引线、窄间距、薄型化、微型化和环保型。以天水电气传动研究所为依托，研制风力发电传动控制系统促进天水铁路电缆工厂风力发电机组专用电缆产业化项目、天水电气传动研究公司单相/三相太阳能光伏发电系统和兆瓦级风电控制系统与变流器的研制及产业化等项目的实施。研制风力发电专用电缆，建成关中—天水经济区内风力发电技术研发生产基地。实施装备制造业资源节约和环境保护项目，重点实施天水电气传动研究公司电机系统先进节能设备变频调速装置生产线技改项目和风力发电传动控制系统建设项目、天水西电长城合金有限公司高压触头材料产业化项目、天水长城开关厂有限公司废旧中压开关设备维修改造再利用项目等。启动建立 3 个（高压电器、精密机床、航天育种）国家级工程技术研究中心。积极争取国家大型车床、大飞机零部件、钢铜铝材深加工、工程机械、汽车制造、集成电路、新能源装备等领域重大项目在天水布局。

二是提升农业科技成果转化能力。在甘肃省航天育种工程技术研究中心的基础上，选育具有自主知识产权的高产、优质、高抗、广适的航天农作物优良新品种和优异种质材料，建成航天育种新品种示范推广基地、航天育种技术人才的培养基地。以甘肃省天水小麦改良中心和天水市农业科学研究所为依托，发展小麦条锈病核心疫源区可持续控制科技研发示范体系。在天水“花牛苹果”“秦安蜜桃”“下曲葡萄”等优质果品无公害示范基地建设的基础上，发展特色果品无公害技术集成科技示范体系。以西北农林科技大学为依托，以标准化技术为核心，发展高原夏菜标准化生产科技专项。以西北农林科技大学和甘肃农业大学为依托，以规模养殖、标准化生产、组装配套高新技术、推行生态环保养殖为重点，发展国内先进畜牧标准化养殖技术集成科技专项。以甘肃省小陇山林业实验局为依托，选择秦岭西端长江、黄河交错区的甘肃省小陇山林区，开展低效人工林改造技术试验示范，研究人工林生态系统的评价指标和低质低效林类型划分标准，总结低质低效林经营改造与高效培育的优化组合技术，发展秦岭西段长江黄河交错人工公益林改造科技专项。培植和壮大省级农业高新示范园区，依托示范区技术创新中心，对建设绿色化高科技农业产业链的硬件、软件技术进行开发、孵化、组装、集成与放大，并率先在示范区进行示范。构建以特色果品、特色蔬菜、种子资源工程、食用菌、花卉、畜牧业及旅游观光农业为核心的七大生态化绿色化农业产业链，培育孵化七大高科技企业集群。建设区域特色农产品品质与安全检测、监测、评价、预警、控制技术平台，使其成为农业高新技术示范区内企业集群可持续发展及产品绿色安全保护屏障。

三是高新技术创新创业园区建设。依托天水星火机床有限责任公司、天水海林轴承有限责任公司、天水风动机械有限责任公司、天水锻压机床有限责任公司、天水二一三电器有限责任公司、天水长城开关厂有限公司、天水华天电子集团等优势骨干企业，加快建设星火机械、华天电子、长城电器三大产业园，建立以综合孵化器、专业技术孵化器、留学生（高校毕业生）创业园等为重点，多种形式并存的科技企业孵化器体系，建成设施先进、结构合理、功能完备、服务一流，“人才-技术-服务-环境”四位一体的科技企业孵化体系，形成具有完善功能和先进水平的研发、中试、测试等资源共享的共性技术平台和信息平台。

五 河西星火产业带建设与生态治理创新区

河西星火产业带建设与生态治理创新区的区域创新体系建设主要围绕以下三个方面。

一是面向市场做大做强特色农业产业，培育壮大一批成长性好、带动力强的农产品精深加工企业，推进农业结构调整和产业升级。着力开发具有自主知识产权的种子繁育技术，建立杂交玉米种子繁育，玉米、瓜菜种子生产、加工、销售一体化的制种产业技术创新服务体系，将河西走廊建成国家最大的杂交玉米种子繁育中心、外贸制种基地，以及西部重要的种子加工、包装、销售集散中心。充分发挥酒泉航天基地优势，积极发展和培育以航天育种为主的生物育种业。依靠科技进步大力发展无污染、无公害的绿色名牌食品和有机食品，壮大现有果蔬、草食牲畜等规模养殖及其深加工，改善生产工艺，延伸加工产业链，开发适销对路产品。大力发展脱水加工、酱制加工、冷冻加工等农副产品精深加工和反季节生产销售的特色农业产业，形成一批具有特色的企业集团。大力繁育和推广优良畜种、草种、舍饲养殖技术，不断提高养殖管理水平，建立现代草畜禽业生产体系。以科技为支撑，繁育优良品种，按生态区域进行品种布局。积极发展棉花产业，形成以棉花新品种选育和区域性原种生产到大面积推广应用的良种繁育、加工、检验及服务体系，大力推广高产、优质、低成本、高密度等栽培技术、病虫害综合防治技术及测土配方施肥技术，建立完善公平、合理、有效的利益分配机制，形成龙头企业带动、专业化聚集、技能化培训、标准化生产和产业化经营的特色农业产业基地。

二是开发体现沙漠光热优势的特色产品，着力打造武威沙产业、金昌镍产业、张掖有色产业，着力培育河西农副产品加工业、酿造业、旅游业。

三是着力加强祁连山自然保护力度，河西沙漠化防治，河西湿地保护，石羊河、黑河、疏勒河流域综合治理，推进全国生态屏障基地建设，打造敦煌艺术之都、武威西凉文化之都。

六 “甘临陇”生态保护与特色农业创新区

甘南、临夏、陇南地区是甘肃省经济发展相对落后的区域，地处甘肃省的西北上风、上水向，是甘肃省的生态屏障。特定的地理位置、自然状况和经济发展现状，使这一区域具有发展生态经济的优势和条件，但从科技资源特点来看，科技创新资源较少，创新能力较弱。

“甘临陇”区域创新体系建设，要发挥独特的区位资源优势，抓住建设国家生态屏障的机遇，以特色产业和绿色环保为重点，在生态农业、旅游业、绿色食品、绿色环保、中药材种植与加工基地等方面进行技术创新，在甘南、临夏、陇南等地建设以林业、草业和中药材等生态经济为主的产业基地和创新基地。陇南山地经济林果、畜牧养殖、冬春蔬菜、中药材和食用菌等五大特色主导产业区域优势明显，要重点发展油橄榄、核桃、花椒、茶叶、反季节蔬菜、名贵中药材、名贵菌类等名优特品种，建立标准化生产基地和培育壮大农产品加工企业，走出一条具有湿润山地特色的高效现代农业发展之路。民族地区要加快草场和养殖基础设施建设，以草定畜，调整畜群产业结构，开发特色畜产品和草原生物资源。“甘临陇”区域建立现代农业产业技术体系，更要注重好体制创新，如增加省财政现代农业产业技术体系建设专项资金，逐步健全完善现代农业科技创新体系和农技推广体系，推进农业产业化。

七 “金武”经济一体化创新区

加快金昌—武威区域经济一体化发展是深入贯彻落实甘肃省省委、省政府区域发展战略的重要举措，是实现经济社会跨越式发展的客观要求。按照《金昌—武威区域经济一体化发展规划》确定的总体发展思路，围绕金武区域经济一体化发展的重点领域，今后将加快推进实施一批重大项目，到2015年，区域经济实力显著增强，地区生产总值年均增长15%以上，占全省的比重明显提高，发展能力明显增强，到2020年，实现全面建设小康社会目标。

金武经济区在战略定位上，将突出特色产业发展，形成功能组团和整体优势，提升经济区的战略优势地位。依托两市的区域和资源优势，打造国家重要有色金属新材料研发基地和循环经济示范区，建设全国内陆河流域生态文明和节水型社会建设示范区，力争成为甘肃省城乡统筹发展的先行区和多元文化相融发展的繁荣区。在空间布局上，金武经济区将以西陇海兰新经济带为主轴，以金昌市金川区和武威市凉州区为中心，以主要交通通道连接的县城、重点建制镇和产业园区为主要节点，以点串线，以线带面，优化空间布局与产业组织体系，构筑“一带携领、两核互补、点状集聚、重点突破”的点轴式空间开发布局。

第五节 甘肃省区域创新体系建设的保障措施

一 健全政府职能明确的宏观调控体系

转变政府职能，加强对创新体系建设的领导。甘肃省各市（州）政府要成立实施区域创新体系建设工作领导小组，第一把手任当组长，具体负责组织实施区域创新体系建设工程。要加强调查研究，增强宏观管理职能，给科技中介组织委托、下放或授权有关管理职能。从实现“小康”目标的战略高度把握科技与经济的有机结合，从宏观上强化创新体系的管理与协调。政府搭台，为企业、高校和科研院所、科技中介及全社会构建创新体系，为科教统筹，为产学研结合提供对接条件。

大力改变多头管理、相互制约、效率低下的局面。政府及其科技行政管理部门要积极发挥对整个创新组织体系的指导作用，不断强化战略性科技目标管理。设立甘肃省科技创新专家委员会，吸收高校、研究机构、企业等社会各方面的学者和管理者参与，不定期地召开专家委员会会议，讨论研究涉及全省的重大科技问题，对规划、计划、科技政策等进行咨询，对相关重大科技问题的决策提出咨询意见，提高科技管理部门宏观决策的科学性和民主化管理水平。

地方政府应放弃地方保护的思想，退出市场机会的分配环节，创造公平竞争的市场环境，由企业自己根据市场竞争情况和自身的实力与发展需求来选择市场机会，决定是否进入或退出某类产品的生产，并由市场来决定其成败。

二 建立多元化的全社会科技投入格局

构建政府投入为引导、企业投入为主体、全社会参与的多元化科技投入格局。强化各级政府对自主创新的投入责任，加大对重大科技成果转化、科技创新平台、公益性研究、应用基础研究等方面的支持力度。建立财政科技投入稳定增长机制，确保各级财政科技投入增长幅度达到法定增长要求并明显高于经常性财政收入增幅。建立科技经费监督管理和绩效评估体系，提高财政科技经费使用效率和效益。积极创造条件建立科技投入风险基金，加快科技与金融的有效结合，鼓励金融机构创新金融服务和产品，积极探索形式多样的科技金融合作模式。积极推动科技保险、科技企业集合债券试点，引导社会资本进入创新创业投资领域，培育发展一批科技创新型上市公司。

三 强化多层次的科技人才资源结构

注重人才资源的开发与集聚效应，作为知识的载体，人才是重要的资源。围绕战略性新兴产业和特色优势产业，以企业为主体，产学研相结合，实施“引进高层次人才创新创业扶持行动”和“创新团队建设计划”，实行动态管理、滚动发展机制，培养选拔科技领军人才，引进海内外高层次人才，建设产学研相结合的科技创新团队与研究生联合培养基地。实施“杰出青年基金计划”，做好中青年学术、技术、管理带头人培养工作。加强科技人员继续教育，开展科技管理人员、企业主要负责人的普遍培训。发挥高层次科技人才的智力优势，建设科技决策智库。继续实施科技特派员基层创业工程和科技人员服务企业“百团千人”行动，鼓励科技人员面向农村和企业开展技术创新服务。

四 实施保护创新的知识产权战略

强化知识产权创造与保护，实施知识产权创造能力提升、知识产权维护能力提升、知识产权服务能力提升和知识产权人才培养四大工程。推动规模以上企业普遍建立知识产权工程师制度，引导企业、科研机构、高等院校重视和加强知识产权管理。完善知识产权的奖励机制和专利预警机制，营造尊重和保护知识产权的法治环境。加快知识产权深度开发与经营，加强科技计划项目知识产权管理，促进专利成果产业化。积极实施技术标准战略，组织协调企业、高校、研究机构开展技术标准的开发应用研究，使技术标准运用成为提升产业科技竞争力重要组成部分。

五 打造支撑创新的科技中介服务体系

根据不同领域和不同环节创新工作的需要，加快生产力促进中心、科技信息服务、知识产权服务、科技评估评价、技术转移交易、农村专业技术协会等科技促进机构建设，构筑区域技术转移中介组织。强化技术市场、技术经纪、技术争议仲裁、创业服务咨询、民间行业专业技术协会等科技服务机构建设，建立面向中小企业服务的科技中介组织。加强科技中介人员素质与能力的培养，促进科技中介服务整体水平的提高，把发展科技中介机构队伍，提升机构资质认证和人员资格获取能力，拓展服务范围，健全服务手段，提高服务质量，促进资源共享，开展专业化、规范化、系列化、成套化服务，规范科技中介服务市场。

六 建设引领创新的科研基地、园区

坚持以政府主导、科研院所主体和市场化运作为原则，充分发挥科研院所的建设主体作用；充分发挥各级政府的积极性，制定扶持政策；充分发挥市场机制配置科技资源的作用。按照战略性新兴产业和科技重大战略需求，培育2个国家重点实验室或省部共建国家重点实验室、2个以上国家工程技术研究中心、50个左右省级重点实验室和工程技术研究中心。围绕优势特色产业，在科技孵化、成果转化、产业化环节构建一批基层科技机构，加快建设一批布局合理、任务明确、运转高效的市县科技创新基地，将科研创新基地打造成为甘肃省科技资源的集聚区、技术创新的源头区、高新企业的孵化区、节能减排的示范区。重点建设兰州、白银国家高新技术开发区和定西、天水国家农业科技园区，把国家级高新园区建成全省的科技研发与合作基地、科技成果转化孵化基地、科技产业化和新产品出口基地。支持天水、酒泉等高新开发区或有条件的企业建设科技企业孵化器。引导支持兰州大学、兰州交通大学、兰州理工大学等国家大学科技园向专业化方向发展，部署建设新能源、新材料、生物医药、信息技术、电子电器、循环经济、现代农业等专业科技产业园。

七 扩大对外开放合作的创新体系

进一步建立全方位开放的科技创新体系，全面落实部省会商议题，加强与中国科学院、中国工程院及国家自然科学基金委员会等相关机构的战略合作，开展广泛的院地、院企合作。拓宽科技合作交流渠道，建设国际科技合作示范基地，鼓励企业、科研院所、高校与国内外研究开发机构建立合作共同体，共同实施科技合作项目。发挥与德国、瑞典、俄罗斯、澳大利亚和南非等国家科技合作平台的作用，推动新能源、新材料、节能环保、生物医药、装备制造、现代农业、生态保护、公共安全等前沿领域的国际科技合作，提高科技活动国际化水平。建设国内外科技合作交流信息库，支持企业引进国内外先进技术，实施集成创新和消化吸收再创新，吸引外商在省内建立高新技术企业或科技开发机构。

八 深化面向全局的科技体制创新

积极开展体制创新，建立多种所有制结构科研院所和科技类企业，大力发展非公有制科技企业。努力创新科技体制模式。对具有面向市场能力的科研机构要转制为科技型企业，积极探讨整体或部分进入企业的具体途径；主要从事应用基础研究或提供公共服务的科研机构，按非营利性科研机构运行和管理，其中具有面向市场能力的部分，也要向企业化转制并逐步与原科研机构分离；鼓励有条件的科研机构进入高校、与高校合并或开展多种形式的合作；研发能力不足，但能面向社会提供技术服务的科研机构要转制为科技中介服务机构；主要围绕行业提供公共服务的，转制为行业类事业机构，不再纳入自然科学研发机构序列进行管理；既没有科研能力，又没有面向市场的能力，并且多年来未承担科技发展工作任务的科研机构，要予以撤并整合。

科研机构转制为企业后，要建立现代企业制度，充分发挥面向市场研究开发和开展技术创新的优势。完善产权制度，承认共有产权，要给予善于创新的经营管理者和 R&D 有功人员一定的股权，使他们与企业共享利益、共担风险，充分调动他们的创新积极性。加快人事管理制度的改革，打破人才属部门、单位所有的封闭机制，鼓励各类人才的科学合理流动，推进“人性化”管理，知识资本化、资本人格化，把科技人员的技术贡献量化到股份制中去，使其体现自身的社会价值，以调动其发挥个人专长的积极性。

九 营造创新文化氛围

培养创新观念和意识，塑造创新文化，倡导创新精神，鼓励创新创业，激发创新思维，活跃学术气氛。建设良好的科研诚信环境，遏制科学技术研究中的浮躁和学术不端风气，倡导勇于创新、宽容失败，崇尚竞争、力戒浮躁的创新文化。积极开展内容丰富的群众性创新活动，形成科技创新的社会合力。

参考文献

布玉涛．2013．区域创新体系初探．重庆电子工程职业学院学报，(3)：117-119

常青．2006．2005 年印度科技发展综述．全球科技经济瞭望，(7)：96-98

陈德宁，沈玉芳．2004．广东城市化的动力特征与发展方向探讨．经济地理，(1)：65-70

陈广文．2002．建立深圳区域科技创新体系的若干设想．特区理论与实践，(9)：96-98

陈伟．2012．区域创新体系的内涵、分类及城市群创新演进趋势．当代经济，2012（17）：566-572

陈勇星，李国栋，潭浩俊．2007．创新型企业及其基本特征．江苏商论，(4)：108，109

邓文峰．2010．区域创新体系的微观实现机制研究．西北大学硕士学位论文

丁焕峰．2001．区域创新系统的理论来源分析．世界科技研究与发展，(5)：56-59

范维．2009．科技创新理论综述．生产力研究，(4)：145-148

范旭，韩野．2006．我国大学科技园建设的政策问题探讨．科技进步与对策，(4)：41-43

冯之浚．1999．国家创新系统的理论与政策．北京：经济科学出版社

傅家骥．1998．企业重建与技术创新．科技潮，(8)：50，51

傅利平，王向华，王明海．2011．区域创新系统研究综述．生态与农村环境学报，(6)：101-103

盖文启，张辉，吕文栋．2004．国际典型高技术产业集群的比较分析与经验启示．中国软科学，(2)：566-572

龚荒，聂锐．2002．区域创新体系的构建原则、组织结构与推进措施．软科学，(16)：22-25

黄琳．2013．可持续经济发展下的区域创新体系能力评价指标研究．武汉商业服务学院学报，(6)：110-114

黄艳．2008．中小企业创新能力与区域经济发展研究．东南大学硕士学位论文

霍丽明．2009．区域创新系统的模式及其运行机制研究．南开大学硕士学位论文

江巨鳌，易宣，何少波．2005．论专利制度及其对科技创新的作用．湖南农业大学学报（社会科学版），(6)：84-87

李微微．2006．基于演化理论的区域创新系统研究．天津大学博士学位论文

刘春香．2005．美国硅谷高科技产业集群及其对中国的启示．工业技术经济，(7)：214-216

刘曙光．2000．区域创新系统研究．东北师范大学博士学位论文

刘曙光，田丽琴．2001．区域创新发展模式的理论探讨与国际案例研究．世界地理研究，(2)：149-151

刘曙光，徐树建．2002．区域创新系统研究的国际进展综述．中国科技论坛，(5)：103-109

刘悦镔．2004．北京区域创新体系模式研究．北京科技大学硕士学位论文

柳卸林，高太山．2013．中国区域创新能力报告 2012．北京：科学出版社

卢山，张怀明．2005．风险投资对高科技产业发展的催化作用机制分析．商业研究，(20)：63-65

陆小成，刘立．2009．基于科学发展观的区域低碳创新系统架构分析与实现机制．中国科技论坛，(6)：32-36

骆建文，顾晓雯，彭鸿广．2009．政府采购促进高技术产业自主创新策略研究．科技管理研究，(7)：17-19

毛伟.2006. 国家高新区创新体系建设研究——以苏州高新区为例. 中南大学硕士学位论文.
莫琦.2007. 促进区域创新体系建设研究. 哈尔滨工程大学博士学位论文
牛忠志.2009. 我国政府在科技创新体系中的地位和作用. 企业科技与发展,(4):1-3
潘连生.2005. 促进企业成为技术创新的主体. 化工技术经济,(8):5-9
彭怀生,曹孜.2010. 区域创新网络结构特征及对企业创新的影响. 福建论坛(社科教育版),(2):6-9
申雪梅.2008. 基于灰色关联理论的区域创新能力研究——以西部地区为例. 西南财经大学硕士学位论文
史鸿.2003. 企业技术创新能力相关因素重要性排序分析. 中国地质大学学报(社会科学版),(3):34-36
孙玮.2007. 试析地方政府在产业集群发展中的作用. 商业时代,(30):119-121
谭清美.2002. 区域创新系统的结构与功能研究. 科技进步与对策,(8):96-98
谭贤楚.2005. 对美国国家创新系统的分析与思考. 科技与创新管理,(2):117,118
汪园英.2008. 创新思维发展障碍及对策. 产业与科技论坛,(7):107-108
王海芸.2010. 浅析北京区域创新体系建设中的风险投资. 科技智囊,(3):149-151
王核成,宁熙.2001. 硅谷的核心竞争力在于区域创新网络. 经济学家,(5):117-119
王立,张士运,李功越.2007. 北京与上海、深圳的创新比较研究. 中国科技论坛,(8):56-59
王永宁.2002. 日本产业的竞争力与知识产权对策. 全球科技经济瞭望,(12):106-108
许茂煜.2007. 深圳市区域创新体系建设研究. 复旦大学硕士学位论文
薛晶晶.2011. 国内外知识创新比较研究. 南京航空航天大学硕士论文
扬宏,杨武.1995. 日本创新模式的变化. 中外科技政策与管理,(1):101-103
杨开忠.2006. 构建特色区域创新体系的三种途径. 人民论坛,(4):51-59
杨省贵,顾新.2011. 区域创新体系间创新要素流动研究. 科技进步与对策,(23):109-111
杨雪.2006. 基于产业集群构建辽宁省区域创新体系研究. 东北大学硕士学位论文
于明洁,郭鹏.2012. 基于典型相关分析的区域创新系统投入与产出关系研究. 科学学与科学技术管理,(6):109-111
张积玉.2009. 当代人文社会科学发展趋势探析. 复旦学报(社会科学版),(3):64-70
张晓芬,张大英.2006. 辽宁科技中介服务体系的发展研究. 辽宁工学院学报,(8):87-89
赵凌晨.2007. 黑龙江省区域创新系统与区域经济发展协调性研究. 哈尔滨工程大学硕士学位论文
赵树宽,许超,王嘉嘉.2008. 典型国家创新体系的对比分析及启示. 工业技术经济,(3):170-172
钟荣丙.2004. 论技术创新价值实现中的技术产权交易市场. 科技进步与对策,(3):26-28
周琪,徐修德.2005. 试析美国国家创新体系的现状及特点. 山东教育学院报,(3):145-149
周青,刘志高,朱华友.2012. 创新系统理论演进及其理论体系关系研究. 科学学与科学技术管理,(2):96-98

后 记

随着科学技术发展的突飞猛进，科技创新能力已经成为一个地区赢得竞争优势、实现跨越式发展的关键。发达国家为了实现经济增长和在日益激烈的国际竞争环境中取得主动地位，纷纷把加强国家创新体系建设和提高创新能力作为国家发展的重要措施。提高创新能力，也是我国实现跨越式发展的重要战略举措，是中国实现民族伟大复兴的必然选择。为此，我国正在加快国家创新体系的建设，在国家层次上进行整体设计和系统推进。

2012 年以来，中央和国家高层密集部署创新驱动发展战略，为增强经济发展内生动力和活力指明方向。党的十八大更是鲜明地提出深化科技体制改革，推动科技和经济紧密结合，加快建设国家创新体系。区域创新能力是构筑国家创新能力的重要支柱，区域创新体系是建设国家创新体系的基础和重要支撑，其主体要素包括区域内的政府、企业、高校、科研机构、中介服务机构等。完善而又充满活力的区域创新体系，不仅是提高区域创新能力的根本保证，而且也是国家创新体系的活力所在。甘肃省是西部地区重要的研发创新基地，在推进科技体制改革、经济转型跨越中发挥了示范带头作用，同时也存在一些亟待解决的问题，即创新主体不活跃、创新机制不健全、创新人才不适应和创新平台不够多，构建适合甘肃省省情的区域创新体系势在必行。本书通过跟踪国内外区域创新研究的新趋势和新动向，分析甘肃省区域创新体系的现状和特点，系统评价与分析甘肃省区域创新能力，对接甘肃省经济社会发展对区域创新体系的新需求，研究提出切实可行的甘肃省区域创新体系战略和保障措施，为构建具有甘肃省区域特色、开放和富有活力的创新体系提供科学依据。

本书为科技部专项计划项目“科技支撑甘肃经济社会发展专题研究”子课题——“甘肃省‘十二五’科技创新体系建设研究”的研究成果。在项目研究和本书的编写中得到了中国科技发展战略研究院、中国科技信息研究所、甘肃省政府研究室、甘肃省统计局、西北师范大学地理与环境学院、兰州理工大学、甘肃省科技厅等单位领导和同志的大力支持和帮助，甘肃省社会科学院魏胜文研究员、甘肃省纪委潘峰研究员对本书内容和文字也给予了认真的审查、修改和建议，在此对所有支持和参与本书编写工作的专家和领导致以深深的谢意。

本书主编为曹方研究员，参与撰稿的人员（按姓氏笔画排列）有杜英、马燕玲、沈俊涛、赵雪雁、梁卫东、魏学宏，编辑工作组组长为张小鹣，成员有付英、田愉、刘勇、刘晓荣、朱亚红、朱晓蕾、张宁宁、张爱宁、谢艳艳、牛瑞雪等。本书在写作过程中，还直接或间接引用、参考了其他研究者的相关研究文献，对这些文献的作者表示诚挚的感谢。

由于时间和笔者水平有限，本书在撰写过程中难免会存在一些不足之处，欢迎各位读者提出宝贵的意见和建议。

编者

2014 年 4 月

“中国软科学研究丛书”已出版书目

《区域技术标准创新——北京地区实证研究》

《中外合资企业合作冲突防范管理》

《可持续发展中的科技创新——滨海新区实证研究》

《中国汽车产业自主创新战略》

《区域金融可持续发展论——基于制度的视角》

《中国科技力量布局分析与优化》

《促进老龄产业发展的机制和政策》

《政府科技投入与企业 R&D——实证研究与政策选择》

《沿海开放城市信息化带动工业化战略》

《全球化中的技术垄断与技术扩散》

《基因资源知识产权理论》

《跨国公司在华研发——发展、影响及对策研究》

《中国粮食安全发展战略与对策》

《地理信息资源产权研究》

《第四方物流理论与实践》

《西部生态脆弱贫困区优势产业培育》

《中国经济区——经济区空间演化机理及持续发展路径研究》

《研发外包：模式、机理及动态演化》

《中国纺织产业集群的演化理论与实证分析》

《国有森林资源产权制度变迁与改革研究》

《文化创意产业集群发展理论与实践》

《中国失业预警：理论、技术和方法》

《黑龙江省大豆产业发展战略研究》

《中小企业虚拟组织》

《气候变化对中国经济社会可持续发展的影响与应对》

《公共政策的风险评价》

《科技人力资源流动的个体选择与宏观表征》

《大型企业集团创新治理》

《我国小城镇可持续发展研究》

《食品安全法律控制研究》

《中国资源循环利用产业发展研究》

《新兴产业培育与发展研究——以安徽省为例》

《中国矿产地战略储备研究》

《中国经济增长可持续性——基于增长源泉的研究》

《归国留学人员的高技术创业》

《城市能源生态化供应与管理》

《技术对外依存与创新战略》

《高技术服务业创新：模式与案例》

《中外文化创意产业政策研究》

《稳粮增收长效机制研究》

《科技创新系统研究：基于资源型经济转型案例的探讨》